华东交通大学教材（专著）基金资助项目
本书受江西省高等学校教学改革研究课题（JXJG-21-5-43，JXJG-23-5-16）；江西省教育科学规划课题（23YB070）；江西省学位与研究生教育教学改革研究项目（JXYJG-2022-107）资助。

铁路信号可靠性与安全性

主　编：姚道金
副主编：程　宵　占自才

江西科学技术出版社

江西·南昌

图书在版编目（CIP）数据

铁路信号可靠性与安全性 / 姚道金主编. -- 南昌：江西科学技术出版社, 2024. 11. -- ISBN 978-7-5390-9271-3

Ⅰ. U284

中国国家版本馆CIP数据核字第20240V1A83号

铁路信号可靠性与安全性　　　　　　　　　　　　　　姚道金　主编
TIELU XINHAO KEKAOXING YU ANQUANXING

出版发行	江西科学技术出版社
社址	南昌市蓼洲街2号附1号
	邮编：330009　电话：（0791）86623491　86639342（传真）
印刷	定州启航印刷有限公司
经销	全国新华书店
开本	787 mm × 1092 mm　1/16
字数	210 千字
印张	11.25
版次	2024 年 11 月第 1 版
印次	2024 年 11 月第 1 次印刷
书号	ISBN 978-7-5390-9271-3
定价	68.00 元

国际互联网（Internet）地址：http://www.jxkjcbs.com　选题序号：ZK2024013　赣版权登字：-03-2024-401
责任编辑：朱　丽　　　　　　　　装帧设计：寒　露
版权所有　侵权必究
（赣科版图书凡属印装错误，可向承印厂调换）

前　言

铁路信号系统用于指示列车运行、停车和转向的状态，以确保列车在铁路网络中安全、高效地行驶，系统通常包括信号灯、信号机、道岔、轨道电路等设备，根据列车位置、速度和行驶方向等信息，向列车驾驶员发送必要的指示，指导其操作列车，避免与其他列车相撞或发生其他危险情况。铁路信号系统对于铁路运输的安全性和效率性至关重要，是现代铁路系统中不可或缺的一环。

可靠性工程作为一门独立的工程学科，其发展历史可以追溯到20世纪中期，随着工业化和技术进步的推动，对产品可靠性和质量的需求日益增长，促使了可靠性工程的兴起和发展。1940—1950年，工程师们开始关注产品的可靠性和故障率，并尝试采取一些简单的方法来改善产品的性能和可靠性。1960—1970年，可靠性工程开始形成系统化的方法论，诸如故障模式与效应分析和故障树分析等。1980年至今，随着计算机技术的快速发展和普及，可靠性工程进入了数字化和自动化的时代。未来随着人工智能、大数据和物联网等新兴技术的不断发展，可靠性工程也将迎来新的发展机遇和挑战。

在保证列车运行安全的前提下，提高运输效率是铁路运输对铁路信号设备（系统）的要求，因此安全性对于铁路信号设备（系统）是第一位。长期以来"故障—安全"原则作为铁路信号设备（系统）设计的原则，并依此原则对铁路信号设备（系统）的安全性进行评估。随着微电子技术、计算机技术、通信技术、控制技术、网络技术在铁路信号设备（系统）中的应用，如何提高、保证和评估铁路信号系统的安全性，成为摆在我国铁路信号工程技术人员面前的重要课题。

近年来，在铁路信号相关专业本科生的教学中，开设了可靠性基本理论、可靠性工程相关的课程，并编写了一些讲义，但无法满足时代的发展。可靠性问题研究如何减少故障的发生，安全性问题研究如何防止故障发生后造成严重的后果和如何减少会造成严重后果的故障发生概率。可靠性和安全性既有联系又有区别。可靠性工程和安全性工程都是在同故障作斗争，它们在理论和方法上是相通的。

因此，我们将可靠性和安全性放在一起，编写了本教材，以适应铁路信号系统的发展和教学需求。

全书共7章，第1章介绍铁路信号系统可靠性与安全性在铁路中的重要性，第2章介绍可靠性的度量方法，第3章介绍可靠性的建模方法，第4章介绍可靠性数据分析与验证方法，第5章介绍可靠性的要求、分配与预计方法，第6章介绍可靠性设计方法，第7章介绍人的因素与可靠性。书名《铁路信号可靠性与安全性》中的"铁路信号"是泛指的"铁路信号设备（系统）"，本书中这两个术语没有严格区分，按照通用惯例使用。本书可供铁道信号相关专业的本科生和研究生学习使用，也可供铁道信号工程技术人员学习使用。

本书由华东交通大学姚道金主编，华东交通大学程宵、占自才副主编。其中姚道金编写第1章至第4章，占自才编写第5至第6章，程宵编写第7章。

目　录

第 1 章　绪　论　　1
    1.1　可靠性、安全性在铁路信号中的地位　　1
    1.2　可靠性、可用性、维修性和安全性　　2
    1.3　可靠性工程和安全性工程　　4
    1.4　铁路信号可靠性与安全性　　7

第 2 章　可靠性的度量方法　　11
    2.1　产品可靠性的指标　　11
    2.2　产品的寿命规律模型　　18
    2.3　维修性、可用性与安全性理论　　24

第 3 章　可靠性的建模方法　　31
    3.1　可靠性框图模型　　31
    3.2　故障树模型　　38
    3.3　事件树模型　　50

第 4 章　可靠性数据的分析与验证　　55
    4.1　可靠性数据收集　　55
    4.2　可靠性数据分析　　59
    4.3　可靠性数据验证　　73

第 5 章　可靠性的要求、分配与预计　　85
    5.1　可靠性参数指标与要求　　85
    5.2　可靠性分配　　93
    5.3　可靠性预计　　104

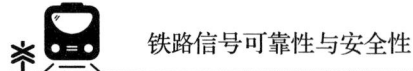

第 6 章　可靠性的设计方法　　115

    6.1　电子器件的选择与控制　　115

    6.2　降额和裕度设计　　125

    6.3　余度（冗余）设计　　132

    6.4　环境防护设计　　135

    6.5　铁路信号"故障—安全"设计原则　　148

第 7 章　人的因素与可靠性　　155

    7.1　生理心理学与交通心理学　　155

    7.2　驾驶人与交通安全　　156

    7.3　人的可靠性　　164

参考文献　　174

第 1 章 绪 论

1.1 可靠性、安全性在铁路信号中的地位

铁路信号是确保铁路运输系统正常运行和乘客安全的关键因素，其可靠性与安全性至关重要。初期的铁路信号是由人骑马用手旗传递行车命令，随着列车速度的提高，进而采用音响、臂板、灯光显示信号。现在最常见的是地面灯光显示、机车上的表盘显示。为了保证列车运行安全、提高运输效率，作为列车运行的命令，一要保证给出的行车命令是正确的，防止人为疏忽给出错误的行车命令；二要保证列车按照行车命令运行，防止司机误操作酿成行车事故；三要提高行车调度指挥的效率，保证铁路运输系统高效运行而这些保证都是要通过各种设备、系统来实现。保证给出的行车命令正确，保证列车按照行车命令运行和提高行车调度指挥效率的设备、系统，称之为铁路信号设备、系统。铁路信号的基础设备有信号机、道岔转换设备和线路占用检查设备等。按其功能可划分铁路信号系统有区间闭塞（控制）系统、车站联锁（控制）系统、行（列）车调度指挥系统、列车运行控制系统、编组站调车控制系统和微机监测系统。

铁路信号的作用是在保证列车运行安全的前提下提高运输效率，而铁路运输的发展又对铁路信号提出新的要求。随着电子技术、计算机技术、通信技术、控制技术、网络技术等科学技术的发展，为不断提高铁路信号的技术水平提供了有力支撑。近年来，我国铁路信号技术水平有了长足的发展，计算机联锁、分散自律式调度集中、列车运行控制系统、编组站综合自动化系统等已被广泛推广和应用。随着铁路信号技术水平的不断提高，对列车运行控制的要求也越来越高。如《既有线 CTCS-2 级列车运行控制系统技术规范（暂行）》中要求"系统适应列车最高允许速度 250 km/h，正向运行时，动车组最小追踪间隔 5 min"。同时，随着

列车速度的提高、密度的加大和载重量的增加，铁路运输对铁路信号的依赖性也在不断加大，也就是说铁路信号在铁路运输中的作用越来越大。当铁路信号设备发生故障时，系统不能正常使用，会影响列车的正常运行，将给铁路运输造成经济损失。

铁路信号故障不仅会造成列车的运行延误，而且会失去设备对列车运行安全的保障。列车运行安全要靠操作人员按照规章制度执行来保证，而一旦操作人员疏忽，违章作业，可能酿成列车冲突、追尾、超速颠覆等重大事故，造成人员伤亡和重大经济损失。对于铁路信号设备或系统，绝对不允许其故障后会出现危及行车安全的后果，因此铁路信号设备或系统设计时必须遵循的"故障—安全"原则。铁路信号故障是可靠性问题，故障后的后果危及行车安全是安全性问题。铁路信号的作用和功能决定了可靠性和安全性在铁路信号中的重要性，随着计算机技术、通信技术、网络技术在铁路信号中的应用，铁路信号功能的增加及系统复杂性的增大，使得铁路信号的可靠性和安全性问题越来越受到相关部门的重视。

1.2 可靠性、可用性、维修性和安全性

1.2.1 可靠性

可靠性的概念可以说在人类开始使用工具的同时就存在了，但是可靠性作为一门独立的学科，是20世纪50年代才确立的。

可靠性的定义可以表述为：产品在规定的条件下和规定的时间内完成规定功能的概率，也称可靠度。其中产品包括零件、元器件、设备或系统等；规定的条件包括使用条件和环境条件；规定的时间指任务时间，可不用时间表示，如继电器吸合次数；完成规定的功能指制造设备或系统的目的，不能完成时称为故障或失效。概率论和数据统计是研究可靠性问题的主要工具。概率论能确定可靠性定量指标之间的相互关系。因此，可靠性理论的许多概念与概率论中的概念密切相关，可靠性分析方法主要使用数据统计的方法。

1.2.2 可用性

可用性是衡量产品或系统在特定使用环境下为特定用户完成特定任务时所具有的有效性、效率和用户主观满意度的指标。它通常包括以下几个方面：①有效

性：用户完成特定任务和达到特定目标时所具有的正确和完整程度；②效率：用户完成任务的正确和完整程度与所使用资源（如时间）之间的比率；③用户主观满意度：用户在使用产品过程中所感受到的主观满意和接受程度。

可用性的概念强调了产品或系统的可靠性、可维护性和维护支持性的综合特性，并考虑了用户操作各种任务去评价的整体体验。可用性测试十分强调环境期间因素的重要性，往往包含用户类型、具体任务、操作环境等方面。

1.2.3 维修性

维修性指产品在规定条件下和规定时间内，按规定的程序和方法进行维修时，保持或恢复其规定状态的能力。规定条件是指维修的机构和场所（如工厂或维修基地、专门的修理车间、修理场所以及修理现场等），以及相应的人员与设备、设施、工具、备件、技术资料等资源；规定的时间是指规定维修时间；规定的程序和方法是指按技术文件规定的工作类型（工作内容）、步骤、方法。在这些约束条件下，完成维修即保持或恢复产品规定状态的能力（或可能性）就是维修性。

维修性同可靠性一样都是产品的固有属性，它是设计决定的，生产和管理保证的。维修性主要表示维修的难易程度，它不仅决定于产品本身，而且还决定于与维修有关的其他因素，例如维修人员的素质、维修的设施、维修方式和方法以及组织管理水平等。这些因素不是产品本身的问题，但却是维修性设计中必须考虑的一些因素。产品在规定约束条件下能否完成维修取决于产品的设计和制造，比如零部件能否互换、检测是否容易等。所以维修性是产品的质量特性，这种质量特性可以用一些定性的特征来描述，也可以用一些定量的参数来表达，如平均修复性维修时间、平均预防性维修时间、平均维修时间、维修工时等。为使设备具有良好的维修性，需要在其全生命周期中进行产品的维修性分析、设计、试验和评定。

维修性包括固有维修性和使用维修性。固有维修性也称为设计维修性，是在理想的条件下表现出的维修性，它完全取决于设计与制造。然而，使用部门最关心的是使用中的维修性，同时在使用阶段就要开展维修性工作。使用维修性是指在实际使用维修中表现出来的维修性，它不但包括产品设计、生产质量的影响，而且包括安装和使用环境、维修策略、保障延误等因素的综合影响。使用维修性不能直接用设计参数表示，而要用使用参数表示，例如可用平均停机时间、使用可用度等表示。这些参数通常不能作为合同要求，但却更直接地反映了真实使用需求。

1.2.4 安全性

安全性具有两层含义：一是不导致人员伤亡、不危害健康及环境、不造成设备或财产损失的能力；二是规定时间内不发生事故的情况下，完成规定功能的能力。其中，事故指系统或设备工作中断，并造成人员伤亡、职业病、财产损失或损害环境的意外事件。影响系统安全的因素包括：设备故障、运行模式和人为因素。

铁路信号系统中的安全性，广义是指铁路信号设备（或系统）维护行车、调车安全的能力，狭义是指设备（或系统）"满足'故障—安全'设计原则的要求出现故障（或误操作）时，导向远离危及行车、调车安全的事故或减少事故损失的能力"。

"安全性"和"可靠性"是两个既相关又不同的概念，它们最为本质的区别在于"可靠性"是主体对所依赖客体的感受程度，而"安全性"是主体自身对处境的感受程度。

1.3 可靠性工程和安全性工程

1.3.1 可靠性工程

（1）可靠性工程概述

可靠性工程是为了达到系统可靠性要求而进行的，有关设计、管理、试验和生产等一系列工作的总和，它与系统整个寿命周期内的全部可靠性活动有关。

可靠性工程是产品工程化的重要组成部分，同时也是实现产品工程化的有力工具，利用可靠性的工程技术手段快速、准确地确定产品的薄弱环节，并给出改进措施和改进后对系统可靠性的影响。

（2）可靠性工程的发展

有组织地进行可靠性工程研究，从 20 世纪 50 年代初美国对电子设备可靠性研究开始，到 60 年代才陆续由电子设备的可靠性推广到机械、建筑等多个行业。后来，又相继发展了故障物理学、可靠性试验学、可靠性管理学等分支，使可靠性工程有了比较完善的理论基础。

我国的可靠性研究工作起步较晚，20世纪70年代才开始在电子工业和航空工业中初步形成研究体系，虽然国家已制订可靠性标准，但尚未引起所有企业的足够重视。

（3）可靠性工程的研究内容

可靠性工程是为了保证产品在设计、生产及使用过程中达到预定的可靠性指标，应该采取的技术及组织管理措施。可靠性工程是介于技术和管理科学之间的一门边缘学科，其作为一门工程学科有自己的体系、方法和技术，可靠性工程的研究内容包括以下4个方面：

①可靠性管理：主要包括完善可靠性组织结构，规划出可靠性组工作的目标，制定出相应的流程，规范可靠性工作，监督可靠性工作的实施，增强质量意识，规避设计风险等。

②可靠性设计：主要指通过设计奠定产品的可靠性基础，研究在设计阶段如何预测和预防各种可能发生的故障和隐患。

③可靠性试验及可靠性分析：主要通过试验测试和验证产品的可靠性，研究在有限的样本、时间和使用费用下，如何获得合理的评定结果，找出薄弱环节，并研究导致薄弱环节的内因和外因，提出改进措施以提高产品的可靠性。

④制造阶段的可靠性分析：研究制造阶段的偏差控制、缺陷处理和早期故障排除，保证设计目标的实现。

（4）可靠性工程的步骤

可靠性工程的具体工作步骤为：
①通过试验或使用，发现系统在可靠性上的薄弱环节。
②研究分析导致这些薄弱环节的主要内外因素。
③研究影响系统可靠性的物理、化学和人为的机理及其规律。
④针对分析得到的结果，在技术上、组织上采取相应的改进措施，并定量地评定和验证改进措施的效果。

（5）完善系统的制造工艺和生产组织

在影响系统可靠性的主要问题得到解决后，还需解决一些次要的薄弱环节。可靠性工程实质上是对影响系统可靠性的薄弱环节，不断发现和不断改进的过程。为了提高系统的可靠性，从而延长系统的使用寿命，降低维修费用，提高经济效益，需在系统规划、设计、制造和使用的各个阶段实施以可靠性为主的质量管理。

1.3.2 安全性工程

（1）安全性工程概述

安全问题是一个伴随着人类发展的永恒话题。进入以机械化大生产为特征的工业社会以来，核能、航空航天、石油、化工、矿山冶金等重工业发展迅速，生产（运行）过程中发生事故的次数也越来越多，后果的严重程度也在不断增加。在国内，随着生产力的发展和生产规模的扩大，安全问题也出现了日益加剧的趋势，航空航天、交通运输、化工、矿山等行业都曾发生过严重事故，造成了重大的经济和社会损失。

安全性工程指应用工程技术和管理方法，以系统使用效能为目标、以时间、费用、技术水平等为约束，在全寿命周期各个阶段对系统的安全性进行优化，使其达到可接受的事故风险水平。正式对安全工程进行理论研究从20世纪初期开始，并先后经历了3个发展阶段。

第一个阶段是20世纪初期，机械化大生产彻底取代了手工作坊，当时设计的机械很少或者根本不考虑操作的安全。工人没有受过培训，操作不熟练，加上长时间的疲劳作业，伤亡事故频繁发生。美国安全工程师海因里希（Heinrich）提出了海因里希法则：在机械事故中，死亡、重伤、轻伤和无伤害事故的比例为1:29:300。

第二个阶段是第二次世界大战时期，为防止或减少飞行事故而兴起了事故分析技术及人机工程等，通过调查研究飞行员在飞行中的心理和人机工程方面的问题，采取改进措施，防止发生操作失误。

第三个阶段从20世纪50年代末至今，设备和产品越来越复杂，往往由数以万计的元部件组成，元部件之间以非常复杂的关系相连接，需要通过先进的计算机技术进行安全性分析。

20世纪70年代我国开始进行安全性研究工作，1982年我国首次召开了安全系统工程研讨会，研讨了我国系统安全工程的发展方向，并开展安全性相关方法的研究。各高校陆续开设安全工程专业，相关研究机构也开展了相应的研究。

（2）安全与安全性

安全和安全性都来源于英文单词Safety查阅相关文献发现，不同的文献对安全和安全性进行了不同的定义。

安全的定义有：①免除不可接受的损害风险的状态（GB/T 28001—2001《职

业健康安全管理体系规范》）；②不发生可能造成人员伤亡、职业病、设备损坏、财产损失或环境损害的状态（GIB/Z 99—97《系统安全工程手册》）；③不导致严重的或灾难性的后果的状态（ISO 14620-1《空间系统安全性要求第一部分》）。

安全性的定义有：①产品具有的不导致人员伤亡、装备损坏、财产损失或不危及人员健康和环境的能力（GIB 900A—2012《装备安全性工作通用要求》）；②不导致人员伤亡、危害健康及环境，不给设备或财产造成破坏或损伤的能力（GIB 1405A—2006《装备质量管理术语》）。

综上所述，安全和安全性尽管源自同一个英文单词，但在中文中两者是完全不同的概念。安全是一种客观状态，安全性是一种保证事物处于安全状态的能力，需要根据实际情况来理解。

（3）安全性工程的本质与原理

安全性工程的本质消除危险或事故，宗旨是在合理可行的范围内追求最低事故风险。

安全性工程的原理是以危险为核心的闭环风险管理，主要包括：①找出所有的危险，并进行风险评价；②全过程跟踪危险，给出每个风险处理结果；③针对不同的危险来源分析，包括自身特性、故障危险（故障分析与处理）、人为因素（人因分析与处理）和环境（环境分析与处理）等。

一些学者认为可靠的系统就是安全的系统，根据可靠性、可靠度的概念，将风险引入到安全性工程中，用于度量安全水平，并据此提出了一些安全性工程技术，如故障树分析、功能危险分析和故障模式与影响分析。

1.4 铁路信号可靠性与安全性

可靠性工程和安全性工程是应用学科，必须根据产品的实际情况和分析方法的特点，提出可靠性、安全性的要求，并具体组织实施开展工作，以提高产品（系统）的可靠性、安全性。编写《铁路信号可靠性与安全性》一书就是为了使读者了解并掌握可靠性、安全性工程的基本理论、方法和技术，并在铁路信号设备研制、设计和使用中应用。

可靠性工程和安全性工程既涉及技术又涉及管理，本书主要介绍可靠性、安全性的技术方法，对安全管理也作了简单介绍。可靠性工程和安全性工程贯穿于产品的整个生命周期，但最重要的是设计阶段，因此本书主要介绍了产品在研制、设计阶段的可靠性和安全性技术。

复习思考题

1. 铁路信号是什么？铁路信号的作用是什么？
2. 铁路交通事故如何分类？
3. 什么是可靠性？什么是维修性？什么是可用性？什么是安全性？
4. 什么是可靠性工程？什么是安全性工程？
5. 试说明学习铁路信号可靠性、安全性的目的和意义。

第 2 章 可靠性的度量方法

2.1 产品可靠性的指标

可靠性的定义可以表述为：产品在规定的条件下和规定的时间内完成规定功能的概率，也称可靠度。其中产品包括零件、元器件、设备或系统等；规定的条件包括使用条件和环境条件；规定的时间指任务时间，可不用时间表示，如继电器吸合次数；完成规定的功能指制造设备或系统的目的，不能完成时称为故障或失效。概率论和数据统计是研究可靠性问题的主要工具。概率论能确定可靠性定量指标之间的相互关系。因此，可靠性理论的许多概念与概率论中的概念密切相关，可靠性分析方法主要使用数据统计的方法。本节主要介绍可靠性的定量指标，主要包括：失效分布函数和可靠度函数、失效率函数、平均失效前时间和平均失效间隔时间。

2.1.1 失效分布函数和可靠度函数

（1）*失效分布函数*

产品丧失规定的功能称为故障，或称失效。由于产品发生失效的时间是随机的，所以产品从开始工作到失效前的工作时间 T 是一个随机变量。随机变量 T 的分布函数记为 $F(t)$，称为失效分布函数，可以表示为式 2-1：

$$F(t) = P(T \leqslant t) \qquad (2-1)$$

$F(t)$ 表示在规定条件下，产品从开始工作到失效前的工作时间不超过 t 的概率，或者在 t 时刻前发生失效的概率，$F(t)$ 也称为故障累计失效分布函数。常把产品从开始工作到首次失效前的工作时间 T 称为产品寿命，因此 F(t) 又称为产品的寿命分布函数。

由于概率可以用频率来解释，因此可以用频率来解释失效分布函数。例如，F(500) = 0.03 表示，在 0 到 500 小时内，平均 100 件产品中大约有 3 件失效，而大约有 97 件没有失效。因此，也可以用频率去估算失效分布函数。假如在 0 时刻有 N 件产品开始工作，而在 t 时刻有 n(t) 件产品失效，则可以用频率去估计时刻 t 的失效分布函数值 F(t) 见式 2-2，计算示意图如图 2-1 所示。

$$\hat{F}(t) = \frac{n(t)}{N} \quad (2-2)$$

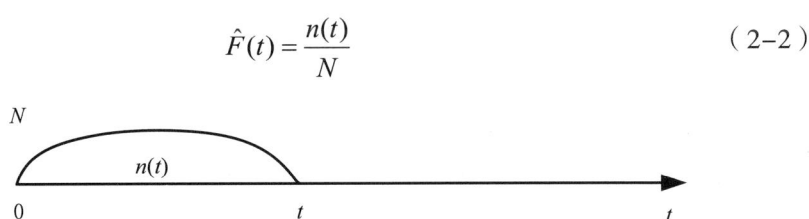

图 2-1　失效分布频率示意图 1

产品的寿命 T 满足 {T > t}，表示产品在时间 t 内完成规定的功能、产品在时间 t 内无故障和产品的寿命 T 大于 t。

寿命 T 是一个连续型随机变量，其密度函数 f(t) = F'(t) 称为失效概率密度函数，简称失效密度函数。由于寿命 T 的取值总是非负实数，故对 t 小于 0 时，总有 F(t) = 0。因此，在以后给定失效分布时，均为 t ≥ 0。

根据以上描述，失效分布函数值 F(t) 可以表示为式 2-3、式 2-4：

$$F(t) = \int_0^t f(t) \mathrm{d}t \quad (2-3)$$

$$f(t) = \frac{F(t+\Delta t) - F(t)}{\Delta t} = \frac{\dfrac{n(t+\Delta t)}{N} - \dfrac{n(t)}{N}}{\Delta t} = \frac{1}{N} \frac{\Delta n(t)}{\Delta t} \quad (2-4)$$

根据 F(t) 的表达式，绘制 F(t) 的曲线如图 2-2 所示，分析得到 F(t) 具有以下性质：

① F(0) = 0；
② $\lim\limits_{t \to \infty} F(t) = 1$；
③ F(t) 是 t 的非减函数。

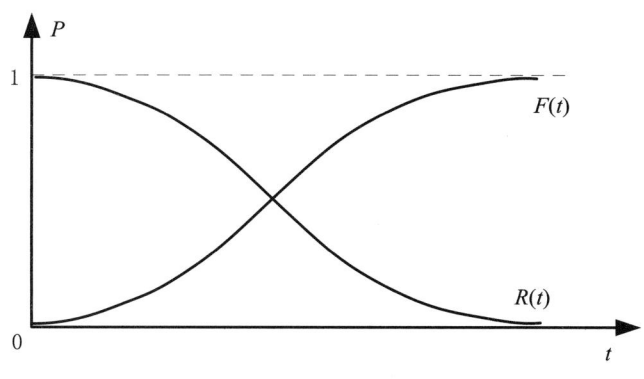

图 2-2 $F(t)$ 与 $R(t)$ 图像

（2）可靠度函数

可靠度是产品在规定的条件下、规定的时间内，完成规定功能的概率。可靠度是时间的函数，称为可靠度函数 $R(t)$，其表达式如式 2-5、式 2-6：

$$R(t) = P(T > t) = 1 - F(t) = \int_t^\infty f(t) \tag{2-5}$$

$$R'(t) = -f(t) \tag{2-6}$$

可靠度也可以用频率来进行解释，例如 $R(500)=0.97$ 表示在 $0 \sim 500\ \text{h}$ 内，平均 100 件产品中有 97 件可以完成规定功能，3 件失效。因此，也可以用频率来估计可靠度。假如在 0 时刻有 N 件产品开始工作，而在 t 时刻有 $n(t)$ 件产品失效，则可以用频率去估计时刻 t 的可靠度 $R(t)$ 见式 2-7、式 2-8。

$$\hat{R}(t) = \frac{N - n(t)}{N} = 1 - \frac{n(t)}{N} \tag{2-7}$$

$$F(t) = 1 - R(t) \approx \frac{n(t)}{N} \tag{2-8}$$

根据 $R(t)$ 的表达式，绘制 $R(t)$ 曲线如图 2-2 所示，分析得到 $R(t)$ 具有以下性质：

① $R(0) = 1$；

② $\lim_{t \to \infty} R(t) = 0$；

③ $R(t)$ 是 t 的非增函数。

从上述可知，可靠度函数 $R(t)$ 可以被失效分布函数 $F(t)$ 或失效密度函数 $f(t)$ 完全确定。反之，由 $R(t)$ 也可唯一确定相应的 $F(t)$ 和 $f(t)$，所以 $R(t)$ 与 $F(t)$ 和 $f(t)$ 一样可以用来描述寿命 T 取值的统计规律性。$R(t)$ 与 $F(t)$ 和 $f(t)$ 三者的关系如图 2-3 所示。在可靠性理论中，给出 $R(t)$ 就等于给出了其失效分布。

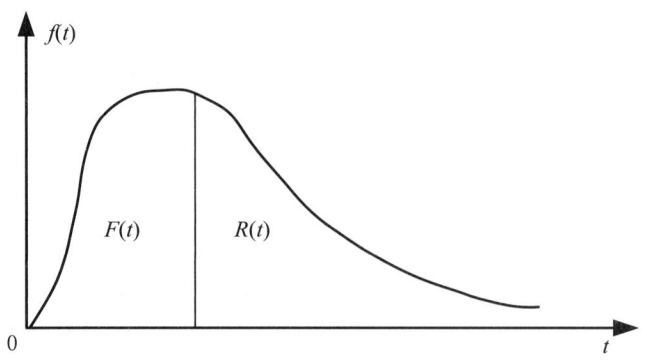

图 2-3　$R(t)$ 与 $F(t)$、$f(t)$ 关系

2.1.2 失效率函数

（1）失效率函数

产品的失效率是可靠性理论中的重要概念，它是产品可靠性的重要指标，不少产品用失效率的大小来确定其等级。失效率的定义为：已工作到时刻 t 的产品，在时刻 t 后单位时间内发生失效的概率称为该产品在时刻 t 的失效率函数，简称失效率，记为 $\lambda(t)$。

把上述定义中的概率理解为频率，可对失效率概念作一些直观的分析，便于正确地理解它的含义，然后来推导失效率的数学表达式。

如图 2-4 所示，设在 $t=0$ 时有 N 个产品开始工作，到时刻 t 有 $n(t)$ 件产品失效，还有 $N-n(t)$ 件产品继续工作，为了计算时间 t 后产品的失效情况，再观察 Δt 时间。假如在 t 到 $t+\Delta t$ 时间内，又有 $\Delta n(t)$ 件产品失效，那么在 t 时刻尚有 $N-n(t)$ 件产品继续工作的条件下，在时间（t，$t+\Delta t$）内失效概率为式 2-9：

$$\frac{\Delta n(t)}{N-n(t)}=\frac{\text{在时间}(t,\ t+\Delta t)\text{失效的产品数}}{\text{在}t\text{时刻正常工作的产品数}} \qquad (2\text{-}9)$$

于是产品工作到时刻 t 之后，单位时间内发生失效的概率为式 2-10：

$$\frac{\Delta n(t)/[N-n(t)]}{\Delta t}=\frac{\Delta n(t)}{\Delta t[N-n(t)]}=\hat{\lambda}(t) \qquad (2\text{-}10)$$

这个量可以用来估计时刻 t 的失效率 $\lambda(t)$。

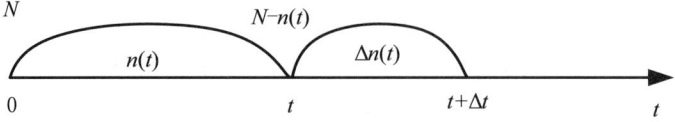

图 2-4　失效分布频率示意图 2

从上述分析中可知，失效率是有条件的，"产品工作到时刻 t 后"就是条件。上式分母中的 $N-n(t)$ 就是随着这个条件的变化而变化；若无这个条件，那么产品的失效频率不是 $\Delta n(t)/[N-n(t)]$，而是 $\Delta n(t)/N$，这时可使用下式来估计在时刻 t 的失效概率密度函数 $f(t)$ 见式 2-11。

$$\frac{\Delta n(t)/N}{\Delta t} = \frac{\Delta n(t)}{\Delta t \cdot N} = \hat{f}(t) \tag{2-11}$$

下面将从上述失效率的定义推出失效率 $\lambda(t)$ 的数学表达式。事件"产品工作到时刻 t 后"的概率为 $R(t)$，t 到 $t+\Delta t$ 的失效概率为 $R(t)-R(t+\Delta t)$，当单位时间 Δt 趋近于零时，即式 2-12：

$$\lambda(t) = \lim_{\Delta t \to 0}\left[\frac{R(t)-R(t+\Delta t)}{\Delta t R(t)}\right] = \frac{1}{R(t)}\left[\frac{-\mathrm{d}R(t)}{\mathrm{d}t}\right] = \frac{f(t)}{R(t)} \tag{2-12}$$

从式 2-12 可得式 2-13：

$$\lambda(t) = \frac{f(t)}{R(t)} = \frac{F'(t)}{R(t)} = \frac{F'(t)}{1-F(t)} \tag{2-13}$$

式 2-12 和 2-13 都是失效率的数学表达式。从这些关系式中可以看出，假如已知 $F(t)$ 或 $F(t)$、$f(t)$ 或 $R(t)$，都可以立即求出 $\lambda(t)$。

反之，假如已知产品的失效率 $\lambda(t)$，那么也可以求出产品可靠度函数 $R(t)$，失效分布 $F(t)$ 或 $f(t)$，具体计算公式为式 2-14 至式 2-16：

$$R(t) = \exp\left[-\int_0^t \lambda(t)\mathrm{d}t\right] \tag{2-14}$$

$$F(t) = 1 - R(t) = 1 - \exp\left[-\int_0^t \lambda(t)\mathrm{d}t\right] \tag{2-15}$$

$$f(t) = \lambda(t)\exp\left[-\int_0^t \lambda(t)\mathrm{d}t\right] \tag{2-16}$$

这些结果不仅给出了从失效率 $\lambda(t)$ 推出 $F(t)$、$f(t)$ 和 $R(t)$ 的具体公式，而且还说明 $\lambda(t)$ 与 $F(t)$、$f(t)$、$R(t)$ 一样重要，都可全面地描述产品寿命 T 取值的统计规律性。它们之间是相通的，只是各个概念着重说明的侧重面不一样，从而用途也不一样。

从式 2-10 的失效率估算公式可求得失效率的量纲为式 2-17：

$$\hat{\lambda}(t) = \frac{\Delta n}{\Delta t(N - n(t))} (1/h) \qquad (2\text{-}17)$$

例如 $\hat{\lambda}(1\,000) = 2 \times 10^{-5}/h$，可理解为产品工作 1 000 h 后的 1 h 内，10^5 个产品，有 2 个失效。

（2）**失效率曲线**

人们在各种产品的使用和试验中得到大量数据，对它们进行统计分析之后，发现一般产品的失效率和时间的关系有如图 2-5 所示的曲线形式，这条曲线通常称为浴盆曲线。曲线明显地分为 3 段，对应着产品的 3 个时期。

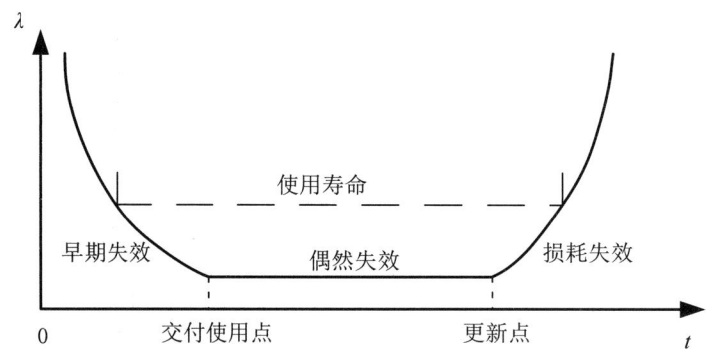

图 2-5 失效率曲线

①早期失效期。早期失效期的特点是失效率非常高，但随着产品工作时间的增加，失效率迅速降低。这一阶段产品失效的原因大多是由于原材料和制造过程中的缺陷造成的。如果在生产过程中加强对原材料的检验，加强质量管理，不断提高操作人员技术水平和责任心，就可以大大减少早期失效的产品数量。

使产品的失效率达到偶然失效期失效率水平的时间点称为交付使用点，厂方为了尽快达到交付使用点，常常采用合理的筛选技术和加负荷试验等方法将这些有缺陷、不可靠的产品尽早地暴露出来，使剩余的产品有较低的失效率，一旦达到交付使用点的失效率水平，产品就可交付使用。

②偶然失效期。偶然失效期也称随机失效期或稳定工作阶段。这是产品（特别是整机）的最良好的工作时期。这一阶段的特点是失效率较低，且比较稳定，往往可以看作是常数。在这阶段内，产品失效常常是由于多种因素造成的，而每一种因素的影响都不太严重，因此失效纯属偶然。在这一阶段要尽力做好产品的维护和保养工作，使这一阶段尽量延长。假如不注意这一点，就会使更新点（产品从偶然失效期进入到耗损失效期的时间点称为更新点）提前到来。

③耗损失效期。耗损失效期是从材料的老化或机械磨损而引伸到可靠性领域。耗损失效期的特征是失效率随时间延长而急速增加。到了这一阶段,大部分产品都要开始失效,这时可针对不同情况采取一些补救措施。例如,由于元器件老化引起整机失效,那就更换该元器件;对寿命较短的产品可以采取预防性检修措施和替换的办法。

2.1.3 平均失效前时间和平均失效间隔时间

(1) *平均失效前时间*(Mean Time To Failure,MTTF)*和平均恢复时间*(Mean Time To Restoration,MTTR)

MTTF 是失效前工作时间的期望值,根据统计理论,有式 2-18:

$$\text{MTTF} = \int_0^\infty tf(t)\text{d}t = \int_0^\infty t\left[-\frac{\text{d}R(t)}{\text{d}t}\right]\text{d}t \tag{2-18}$$

通过分部积分,式(2-18)可化简为式 2-19:

$$\int_0^\infty t\left[-\frac{\text{d}R(t)}{\text{d}t}\right]\text{d}t = -[tR(t)]_0^\infty + \int_0^\infty R(t)\text{d}t \tag{2-19}$$

由于 $R(t)$ 一般是以 e 为底的指数函数,如 $R(t) = e^{-\lambda t}$,采用洛必达法则得式 2-20:

$$\lim_{t\to\infty}[tR(t)] = \lim_{t\to\infty}\frac{t}{\frac{1}{R(t)}} = 0 \tag{2-20}$$

又 $\lim_{t\to 0} tR(t) = 0$。

综上可得式 2-21:

$$\text{MTTF} = \int_0^\infty R(t)\text{d}t \tag{2-21}$$

从式(2-21)可知,如果知道了可靠度函数 $R(t)$ 就可以计算 MTTF,在很多情况下式(2-21)可以使 MTTF 的计算得到简化。对于可修复的产品,MTTF 定义为首次失效前平均工作时间。

如前所述,产品失效前的工作时间称为产品的寿命,平均失效前时间(MTTF)又称为平均寿命,记为 θ,即式 2-22:

$$\theta = \int_0^\infty tf(t)\text{d}t = \int_0^\infty R(t)\text{d}t \tag{2-22}$$

除 MTTF 外,还有一个重要概念是平均恢复时间,平均恢复时间 MTTR 源于平均维护时间（Mean Time To Repair），是随机变量恢复时间的期望值，包括确认失效发生所必需的时间，以及维护所需要的时间。

（2）平均失效间隔时间（Mean Time Between Failure，MTBF）

平均失效间隔时间 MTBF 经常出现在可靠性的文献中，它适用于可修复产品，即发生失效的部分可更换或修理，其包括故障时间以及检测和维护设备时间。对一简单的可维护的元件，MTBF = MTTF +MTTR。

因 MTTR 通常远小于 MTTF，故 MTBF 近似等于 MTTF，通常由 MTTF 替代。MTBF 的表达式为式 2-23：

$$\text{MTBF} = \frac{T(t)}{r} \tag{2-23}$$

式中：$T(t)$——总工作时间；r——失效数。

对于可以完全修复的产品，即修复后的产品和新产品一样，这时 MTBF=MTTF（式 2-24）。

$$\text{MTBF} = \int_0^\infty t f(t) \mathrm{d}t \tag{2-24}$$

2.2 产品的寿命规律模型

2.2.1 指数分布

指数分布的失效密度函数为式 2-25：

$$f(t) = \lambda \mathrm{e}^{-\lambda t} \quad t \geqslant 0 \tag{2-25}$$

式中，λ 是常数。

指数分布的失效分布函数为式 2-26：

$$F(t) = \int_0^t \lambda \mathrm{e}^{-\lambda t} \mathrm{d}t = 1 - \mathrm{e}^{-\lambda t} \quad t \geqslant 0 \tag{2-26}$$

指数分布的可靠度函数为式 2-27：

$$R(t) = \int_t^\infty \lambda \mathrm{e}^{-\lambda t} \mathrm{d}t = \mathrm{e}^{-\lambda t} \quad t \geqslant 0 \tag{2-27}$$

指数分布的失效率函数为式 2-28：

$$\lambda(t) = \frac{f(t)}{R(t)} = \frac{\lambda e^{-\lambda t}}{e^{-\lambda t}} = \lambda \qquad (2-28)$$

失效率为常数，即产品处于偶然失效期，也就是产品稳定工作阶段，因此指数分布是最常用的失效分布函数。

图 2-6、图 2-7、图 2-8 分别表示寿命分布为指数分布的可靠度函数、失效密度函数和失效率函数。

指数分布的平均寿命为式 2-29：

$$\theta = \int_0^\infty R(t)\mathrm{d}t = \int_0^\infty e^{-\lambda t}\mathrm{d}t = \frac{1}{\lambda} \qquad (2-29)$$

指数分布的平均寿命与失效率互为倒数，对于可修复设备可表示为式 2-30：

$$\mathrm{MTBF} = \theta = \frac{1}{\lambda} \qquad (2-30)$$

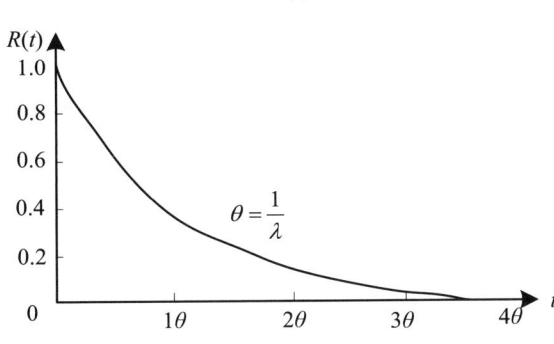

图 2-6 指数分布的可靠度函数

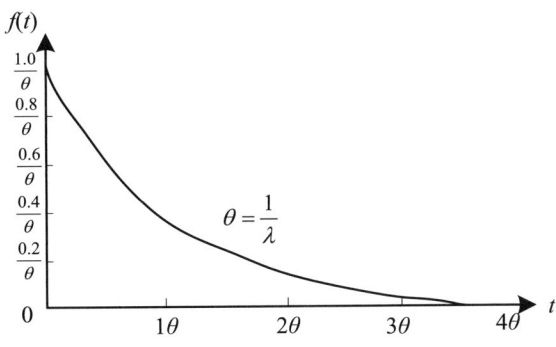

图 2-7 指数分布的失效密度函数

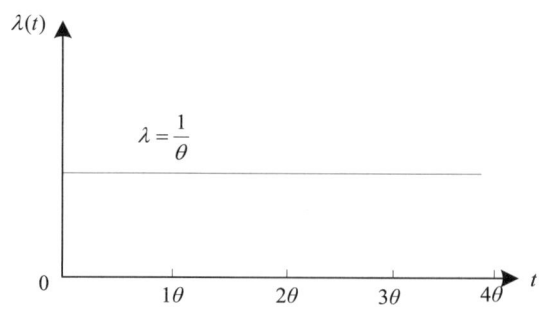

图 2-8 指数分布的失效率函数

例：某产品失效分布为指数分布，如果一个产品已经工作了 s 小时，求它再能工作 t 小时的概率。

解：根据题意有：

$$P(T>s+t \mid T>s) = \frac{P(T>s+t, T>s)}{P(T>s)} = \frac{P(T>s+t)}{P(T>s)}$$

$$= \frac{R(s+t)}{R(s)} = \frac{\mathrm{e}^{-\lambda(s+t)}}{\mathrm{e}^{-\lambda s}} = \mathrm{e}^{-\lambda t} = R(t) = P(T>t)$$

例题结果表明，产品失效分布为指数分布，如果产品工作了 s 小时，则它再工作 t 小时的概率与已工作过的时间 s 长短无关，而好像一个新产品开始工作那样。它反映了指数分布的一个重要性质——"无记忆性"，即产品失效分布为指数分布，其可靠性与其已经工作了多少时间无关。所以产品工作在偶然失效期（失效分布为指数分布），在已知它仍然完好时就把它进行更换的做法是没有任何好处的。因此，对于失效分布为指数分布的电子设备一般采用故障修，即故障后进行修复性维修。

例：产品失效分布为指数分布，求时间 $t=\theta$（平均寿命）时产品的可靠度。

解：$$R(\theta) = \mathrm{e}^{-\lambda \cdot \theta} = \mathrm{e}^{-\lambda \frac{1}{\lambda}} = \mathrm{e}^{-1} = 36.8\%$$

例题结果表明，产品失效分布为指数分布，工作时间能达到平均寿命的概率仅为 36.8%，大约有 63.2% 的产品失效。

例：设某元件的寿命 T 服从指数分布，它的平均寿命为 5 000 h，试求其失效率和使用 125 h 后的可靠度。

解：根据题意有：

$$\theta = \frac{1}{\lambda} = 5\ 000$$

所以失效率为：

$$\lambda = \frac{1}{5\,000} = 0.2 \times 10^{-3} / \text{h}$$

当 $t = 125$ h 时，$\lambda t = 125 \times 0.2 \times 10^{-3} = 0.025$，在 λt 较小时，有近似公式：

$$R(t) = e^{-\lambda t} \approx 1 - \lambda t$$

所以

$$R(t) = 1 - 0.025 = 0.975$$

2.2.2 正态分布

正态分布记为 $N(\mu, \sigma^2)$，其概率密度函数为式 2-31：

$$f(t) = \frac{1}{\sqrt{2\pi}\sigma} \exp\left[-\frac{1}{2}\left(\frac{t-\mu}{\sigma}\right)^2\right] \tag{2-31}$$

式中：μ——均值；σ——标准差，它是方差的平方根。

正态分布的失效分布函数为式 2-32：

$$F(t) = \int_{-\infty}^{t} \frac{1}{\sqrt{2\pi}\sigma} \exp\left[-\frac{1}{2}\left(\frac{t-\mu}{\sigma}\right)^2\right] dt \tag{2-32}$$

实际应用中多用标准正态分布函数，标准正态分布密度密度函数为式 2-33：

$$\phi(z) = \frac{1}{\sqrt{2\pi}} \exp\left(-\frac{z^2}{2}\right) \tag{2-33}$$

标准正态分布可记为 $N(0,1)$。利用换算公式将一般正态分布转换为标准正态分布如式 2-34 和式 2-35 所示：

$$z = \frac{t-\mu}{\sigma} \tag{2-34}$$

$$f(t) = \frac{\phi(z)}{\sigma} \tag{2-35}$$

标准正态分布的分布函数为式 2-36：

$$\Phi(z) = \int_{-\infty}^{z} \frac{1}{\sqrt{2\pi}} \exp\left(-\frac{z^2}{2}\right) dz \tag{2-36}$$

因此，对于正态分布变量 t，在均值 μ 和标准方差 σ 下，有式 2-37：

$$F(t) = P(T \leq t) = P\left(z \leq \frac{t-\mu}{\sigma}\right) = \Phi\left(\frac{t-\mu}{\sigma}\right) \tag{2-37}$$

对于可靠性来说，正态分布有两种基本用途：一是用于分析由于磨损（如机械装置）而发生失效的产品，耗损失效分布往往服从正态分布；另一用途是对制造的产品及其性能是否符合规范进行分析，用于质量控制。

2.2.3 对数正态分布

当随机变量T的对数$\ln T$服从参数为μ、σ的正态分布$N(\mu,\sigma^2)$时，那么称随机变量T服从对数正态分布。通常表示为$\ln T \sim N(\mu,\sigma^2)$，$T$的分布密度函数和分布函数分别为式2-38、式2-39：

$$f(t) = \frac{1}{\sqrt{2\pi}\sigma t}\exp\left[-\frac{1}{2}\left(\frac{\ln t - \mu}{\sigma}\right)^2\right] t > 0 \qquad (2\text{-}38)$$

$$F(t) = \int_0^t f(t)\mathrm{d}t = \int_0^t \frac{1}{\sqrt{2\pi}\sigma t}\exp\left[-\frac{1}{2}\left(\frac{\ln t - \mu}{\sigma}\right)^2\right]\mathrm{d}t \qquad (2\text{-}39)$$

对数正态分布用于半导体器件的可靠性分析和某些种类的机械零件的疲劳寿命分析，也可用于维修性分析中对维修时间数据的分析。

2.2.4 威布尔分布

在可靠性工作中威布尔分布非常有用，因为它是通用分布，通过调整分布参数可构成不同分布，为各种寿命分布建立模型。

威布尔分布失效密度函数为式2-40：

$$f(t) = \frac{m}{\eta}\left(\frac{t-\gamma}{\eta}\right)^{m-1}\exp\left[-\left(\frac{t-\gamma}{\eta}\right)^m\right] \qquad (2\text{-}40)$$

式中：m——形状参数；

η——尺度参数，或特征寿命；

γ——位置参数，最低的寿命。

在可靠性分析中，大多数情况下，$\gamma = 0$（假设$t = 0$时开始失效），得到两个参数的威布尔分布，失效密度函数表示为式2-41：

$$f(t) = \frac{m}{\eta}\left(\frac{t}{\eta}\right)^{m-1}\exp\left[-\left(\frac{t}{\eta}\right)^m\right] \qquad (2\text{-}41)$$

威布尔分布的失效分布、可靠度和失效率函数分别为式2-42至式2-44：

$$F(t) = 1 - \exp\left[-\left(\frac{t}{\eta}\right)^m\right] \qquad (2\text{-}42)$$

$$R(t) = \exp\left[-\left(\frac{t}{\eta}\right)^m\right] \tag{2-43}$$

$$\lambda(t) = \left(\frac{m}{\eta}\right)\left(\frac{t}{\eta}\right)^{m-1} \tag{2-44}$$

对于不同的m值，威布尔分布函数可以有以下几种分布形式：

$m < 1$，伽马分布；

$m = 1$，指数分布；

$m = 2$，对数正态分布；

$m = 3.5$，近似于正态分布。

当$m < 1$时，为早期失效期的模型；当$m = 1$时，为偶然失效期的模型；当$m > 1$时，为耗损失效期的模型。

威布尔分布的平均寿命为式2-45：

$$\theta = \eta\Gamma\left(1 + \frac{1}{m}\right) \tag{2-45}$$

这里，$\Gamma(p) = \int_0^\infty x^{p-1}e^{-x}dx(p > 0)$是$\Gamma$函数。

2.2.5 二项分布

二项分布一般用于描述一个事物只有两种可能状态或结果的情况，如成功和失败，好和坏，并且对所有试验来说，概率都相同。当产品中好产品（成功）的概率为p，坏产品（失败）的概率为q时，抽出n个样本中有x个好产品和$n-x$个坏产品的概率为式2-46：

$$P(X = x) = C_n^x p^x q^{n-x} \tag{2-46}$$

其中在几个数里随机取x为式2-47：

$$C_n^x = \frac{n!}{x!(n-x)!}, q = 1 - p \tag{2-47}$$

累积分布函数为式2-47：

$$P(X, r) = \sum_{x=0}^{r} C_n^x p^x q^{n-x} \tag{2-48}$$

2.2.6 泊松分布

泊松分布是可靠性分析中常用的一种分布，可以把泊松分布看成是当n为无限大时的二项分布。事实上，当 $n=20$，并且 $p=0.005$ 时，泊松分布用来近似表示二项分布。

泊松分布描述的是某随机事件在所研究的时间区间 $(0,t)$ 内出现次数的概率，满足泊松分布的条件为：

①在 $(a, a+t)$ 时间内，事件出现次数的概率与时间的起点 a 无关，仅仅与时间的长短 t 有关；

②在两段不重叠的时间 (a_1, a_2) 和 (b_1, b_2) 内，事件出现的次数 k_1, k_2 相互独立；

③在很短的时间 $(0,t)$ 内，出现两次或两次以上事件的概率是很小的，而出现的次数为一次的概率近似为 λt。在时间 $(0,t)$ 内，事件出现 k 次的概率可表示为式 2-49：

$$P(X=k) = \frac{(\lambda t)^k}{k!} e^{-\lambda t} \qquad (2-49)$$

用于可靠性分析时，式（2-49）中 λ 为失效率；t 为时间长度；k 为失效次数。在 t 时刻，可靠度函数 $R(t)$ 或零失效的概率为式 2-50：

$$R(t) = \frac{(\lambda t)^0}{0!} e^{-\lambda t} = e^{-\lambda t} \qquad (2-50)$$

2.3 维修性、可用性与安全性理论

2.3.1 维修性理论

就可靠性而言，关心的是如何使设计出来的产品正常工作的时间更长，而就维修性而言，关心的则是使设计出来的产品在发生故障时如何能够使故障尽快排除。

维修性的定义为：产品在规定的条件下和规定的时间内，按规定的程序和方法进行维修时，保持或恢复到规定状态的能力。本节所涉及的维修性是在设备或系统发生故障后，使其快速恢复到工作状态的一种度量。它和下列因素有关：设备设计和安装、维修人员的技术水平、维修程序和试验设备的完好性以及进行维修时的自然环境。

和可靠性一样，维修性参数也是概率参数，并且也使用连续型和离散型随机变量、密度函数和分布函数进行分析。例如，在某时刻完成的维修性活动次数是离散型维修性参数。又如，完成一次维修性活动所需时间就是连续型维修性参数。

(1) 基本概念

利用类似可靠性中的函数关系来理解维修性的基本概念是一种比较好的方法，可以用推导可靠性函数时使用的方法来推导维修性函数。以修复时间 t 代替失效前时间 t，以修复率 μ 代替失效率 λ，以 $M(t)$ 到时刻 t 成功地完成一次修复活动的概率 $P(T \leq t)$ 代替 $F(t)$ 到时刻 t 发生失效的概率 $P(T \leq t)$。换句话说，在可靠性和维修性函数中有下列对应关系。

① 维修性中的修复时间概率密度函数对应可靠性中的失效前工作时间的概率密度函数。

② 维修性中的修复率函数对应可靠性中的失效率函数。修复率是完成一次修复活动的速度。

③ 维修性中的维修度（修复成功的概率）对应可靠性中的可靠度。

表 2-1 给出了可靠性和维修性参数的对照比较。

表2-1 可靠性和维修性参数的比较

可靠性	维修性
失效前工作时间概率密度函数 $f(t)$	修复时间概率密度函数 $g(t)$
可靠度 $R(t) = \int_t^\infty f(t) \mathrm{d}t$	维修度 $M(t) = \int_0^t g(t) \mathrm{d}t$
失效率 $\lambda(t) = \dfrac{f(t)}{R(t)}$	修复率 $\mu(t) = \dfrac{g(t)}{1 - M(t)}$
失效前平均工作时间 $\mathrm{MTTF} = \int_0^\infty tf(t)\mathrm{d}t = \int_0^\infty R(t)\mathrm{d}t$	平均修复时间 $\mathrm{MTTR} = \int_0^\infty t an(t) \mathrm{d}t$
失效前工作时间的概率密度函数与可靠度、失效率关系 $f(t) = \lambda(t) R(t) = \lambda(t) \exp\left[-\int_0^t \lambda(t) \mathrm{d}t\right]$	修复时间的概率密度函数与维修度、修复率关系 $g(t) = \mu(t)[1 - M(t)] = \mu(t) \exp\left[-\int_0^t \mu(t) \mathrm{d}t\right]$

(2) 用于维修性模型的统计分布

在维修性分析中最常用的分布有正态分布、对数正态分布和指数分布。在可靠性模型中常用失效分布一节中对上述分布已进行了介绍。

正态分布适用于比较简单的维修项目和修复活动（简单的拆除和更换工作项目），这种维修工作需要固定的完成时间。

在设备和系统的维修性分析中，对数正态分布得到最广泛的应用。它用于由频率和持续时间都不等的，若干辅助工作项目组成的维修项目和修复活动。

指数分布适用于与以前的维修经验无关的维修。修复时间为指数分布,其修复时间密度函数、维修度、修复率和平均修复时间分别为式 2-51 至式 2-54：

$$g(t) = \mu e^{-\mu t} \quad (2\text{-}51)$$

$$M(t) = 1 - e^{-\mu t} \quad (2\text{-}52)$$

$$\mu(t) = \mu \quad (2\text{-}53)$$

$$\text{MTTR} = \frac{1}{\mu} \quad (2\text{-}54)$$

一般来说,修复时间密度函数为对数正态分布。然而,在实践中修复时间的对数标准方差一般是未知的,在没有合理的估计值时,使用的办法是把指数分布当作对数正态分布的近似分布使用。指数分布在 t 时刻的修复概率由式 2-55 给出：

$$M(t) = 1 - e^{-\frac{t}{M_{ct}}} = 1 - e^{-\mu t} \quad (2\text{-}55)$$

式中：$M(t)$——到规定时间 t 的修复概率；

M_{ct}——已知的平均修复时间,等于总维修时间除以总的维修次数。

2.3.2 可用性理论

可用性定义为产品任意随机时刻需要和开始执行任务时,处于工作和可使用状态的程度,可用性的概率度量称为可用度。可用性是产品可靠性和维修性的综合反映,可用度是可靠性和维修性参数的函数。系统的可用度包括 5 种,下面依次进行介绍。

（1）瞬时可用度 $A(t)$

系统在开始工作之后,在任意随机时刻 t 处于工作状态的概率。

（2）任务可用度 $A_m(t_2 - t_1)$

在任务期间,系统可以使用的时间在时间间隔 $(t_2 - t_1)$ 中所占的比例,其表达式为式 2-26：

$$A_m(t_2 - t_1) = \frac{1}{t_2 - t_1} \int_{t_1}^{t_2} A(t) \mathrm{d}t \quad (2\text{-}56)$$

这个参数也叫作平均可用度。

（3）稳态可用度 A

当 t 很大或当 $t \to \infty$ 时，系统处在工作状态的概率见式 2-57。

$$A = \lim_{t \to \infty} A(t) \quad (2\text{-}57)$$

（4）可达可用度 A_a

可达可用度的计算方法如式 2-58 所示：

$$A_a = 1 - \frac{维修时间}{总时间} = \frac{工作时间}{总时间} \quad (2\text{-}58)$$

式中：维修时间包括修复性维修时间和预防性维修时间。

（5）固有可用度 A_i

固有可用度的计算方法如式 2-59 所示：

$$A_i = \frac{\text{MTBF}}{\text{MTBF}+\text{MTTR}} \quad (2\text{-}59)$$

固有可用度一般不包括预防性维修时间，主要由设备或系统设计所决定。

2.3.3 安全性理论

安全的定义是将伤害或损坏的风险减低到可以接受水平的状态。风险表示危险的严重性和危险可能性。危险是可能导致事故（造成人员伤亡、职业病、设备损坏、财产损失或环境损害的一个或一系列意外事件）的状态。

危险严重性和危险的可能性分别用危险严重性等级和危险的可能性等级评价。

危险严重性等级给出了危险严重程度定性的度量，表 2-2 是 GJB 900—90《系统安全性通用大纲》中规定的一个危险严重性等级表。

表2-2 危险严重性等级表

等级	事故说明
Ⅰ（灾难性）	人员死亡或系统报废
Ⅱ（严重性）	人员严重受伤、严重职业病或系统严重损坏
Ⅲ（轻度性）	人员轻度受伤、轻度职业病或系统轻度损坏
Ⅳ（轻微性）	轻于Ⅲ级的操作

对于具体的系统事故说明应给出明确的规定。

危险可能性等级给出了危险可能程度定性的度量，也是安全性定量要求的参数，表2-3是GJB 900—90中规定的一个危险可能性等级表。

表2-3 危险可能性等级表

等级	个体	总体
A（频繁）	频繁发生	连续发生
B（很可能）	在寿命周期内出现若干次	经常发生
C（有时）	在寿命周期内可能有时发生	发生若干次
D（极少）	在寿命周期内不易发生	不易发生但有理由预期可能发生
E（不可能）	很不容易发生以至于可以认为不会发生	不易发生，但有可能发生

对于具体的系统，应明确规定频繁、很可能、有时、极少、不可能及总体的大小。

危险可能性等级可以用危险率、危险侧失效率作为参数定量描述。

①危险率。危险是可能导致事故的状态，而这些状态包括实际的和潜在的状态，实际的状态包括设备本身的故障和人因差错，潜在的状态则指系统在每一种运行模式中执行其功能的潜在危险。

考虑设备本身的故障、人因差错和系统在每一种运行模式中执行其功能的潜在危险，危险可能性等级定量描述可用危险率（Hazard Rate，HR）表示，危险率表达式如式2-60所示：

$$危险率 = \frac{发生危险的次数}{工作时间} \qquad (2-60)$$

安全性要求可使用允许危险率（Tolerable Hazard Rate，THR）进行表示。

②危险侧失效率。将设备或系统失效按后果可分为两类，安全侧失效和危险侧失效，不会造成危险性后果的失效称为安全侧失效，反之称为危险侧失效。对于铁路信号设备或系统而言，可能造成列车越过禁止信号、超速、冲突、追尾、颠覆等后果的失效为危险侧失效。

安全性从设备本身危险侧失效率考虑，可以把安全性视为一种有特殊要求的可靠性。因而，可以利用可靠性中的概念来理解安全性的一些概念，在安全性和可靠性的概念中有以下对应关系：

①安全性中危险侧失效前工作时间的概率密度函数，对应可靠性中的失效前工作时间概率密度函数。

②安全性中安全可靠度，对应可靠性中的可靠度。

③安全性中危险侧失效率，对应可靠性中的失效率。

④安全性中平均危险侧失效前工作时间，对应可靠性中的平均失效前工作时间。

表2-4给出了从设备本身危险侧失效率概念考虑，可靠性和安全性参数的对照比较。

表2-4 可靠性和安全性参数的比较

可靠性	安全性
失效前工作时间概率密度函数 $f(t)$	危险侧失效前工作时间概率密度函数 $f_h(t)$
可靠度 $R(t) = \int_t^\infty f(t)\mathrm{d}t$	安全可靠度 $R_s(t) = \int_t^\infty f_h(t)\mathrm{d}t$
失效率 $\lambda(t) = \dfrac{f(t)}{R(t)}$	危险侧失效率 $\lambda_h(t) = \dfrac{f_h(t)}{R_h(t)}$
失效前平均工作时间 $\mathrm{MTTF} = \int_0^\infty tf(t)\mathrm{d}t = \int_0^\infty R(t)\mathrm{d}t$	危险侧失效前平均工作时间 $\mathrm{MTTF_h} = \int_0^\infty tf_h(t)\mathrm{d}t$
失效前工作时间的概率密度函数与可靠度、失效率关系 $f(t) = \lambda(t)R(t) = \lambda(t)\exp\left[-\int_0^t \lambda(t)\right]\mathrm{d}t$	危险侧失效前工作时间概率密度函数安全可靠度、危险侧失效率关系 $f_h(t) = \lambda_h(t)R_h(t) = \lambda_h(t)\exp\left[-\int_0^t \lambda_h(t)\right]\mathrm{d}t$

复习思考题

1. 什么是可靠度、失效率、平均失效前时间（MTTF）和平均失效间隔时间（MTBF）？
2. 画出失效密度函数、失效分布函数和可靠度函数的关系图。
3. 失效率和失效密度函数概念上有什么不同？
4. 画出产品的失效率曲线，并加以说明。
5. 指数分布有什么特点？
6. 威布尔分布有什么特点？

第 3 章 可靠性的建模方法

模型是为了理解事物而对事物做出的一种抽象，是对事物的一种无歧义的书面描述，它以各种可用的形式提供被研究系统的信息。一个好的模型既能够反映系统的规定特性又便于建模和分析。不同的研究角度，可以采用不同类型的模型来描述系统。例如：原理模型反映系统及其组成单元之间的物理上的连接与组合关系；功能模型反映系统及其组成单元之间的功能关系；三维实体模型反映单元的外形结构和装配关系。

可靠性模型是从研究产品故障规律的角度建立的一种模型。根据研究对象的不同，可靠性模型可分为单元可靠性模型和系统可靠性模型。对简单产品，可将产品视为一个"黑箱"，不考虑内部的组成，构建描述产品可靠性的"外特性"模型，这种模型称为单元可靠性模型。对复杂产品，应将产品视为一个系统，由相互作用和相互依赖的单元有机组成，构建描述单元间可靠性关系的模型，通过单元可靠性规律推测系统的可靠性规律，将这种模型称为系统可靠性模型。

系统可靠性模型的本质是系统(或单元)故障特征规律的数学描述。系统可靠性模型的种类繁多，能力不同，用途各异。可靠性建模是开展可靠性设计分析的基础，也是进行系统维修性和保障性设计分析的前提。常用的可靠性模型包括：可靠性框图模型、故障树模型和事件树模型。

3.1 可靠性框图模型

3.1.1 串联结构模型

串联结构是可靠性数学模型中最简单，也是最常见的一种结构。系统中所有单元都正常工作时，系统才正常工作；或者说，系统中任一单元失效时，系统就失效，这样的系统结构称为串联结构。如图 3-1 所示是串联结构的可靠性框图。

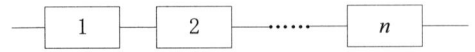

图 3-1　串联结构可靠性框图

串联系统的可靠度函数为式 3-1：

$$R_S(t) = R_1(t) \cdot R_2(t) \cdot \cdots \cdot R_n(t) = \prod_{i=1}^{n} R_i(t) \tag{3-1}$$

如果串联系统中所有单元失效分布都是指数分布，第 i 单元可靠度函数为式 3-2：

$$R_i(t) = e^{-\lambda_i t} \quad i = 1, 2, \cdots, n \tag{3-2}$$

串联系统的可靠度为式 3-3：

$$R_S(t) = \prod_{i=1}^{n} R_i(t) = e^{-\sum_{i=1}^{n} \lambda_i t} = e^{-\lambda_S t} \tag{3-3}$$

$$\lambda_S = \sum_{i=1}^{n} \lambda_i$$

可见串联系统中所有单元失效分布都是指数分布，则系统仍是指数分布，系统的失效率 λ_s 是各个单元失效率之和。

串联系统的平均寿命为式 3-4：

$$\theta_S = \int_0^\infty R_S(t) \mathrm{d}t = \frac{1}{\lambda_S} = \frac{1}{\sum_{i=1}^{n} \lambda_i} = \frac{1}{\sum_{i=1}^{n} \frac{1}{\theta_i}} \tag{3-4}$$

3.1.2　并联结构模型

并联结构是可靠性数学模型中另一个最常见到的结构。系统中的所有单元都失效时，系统才失效；或者说，系统中任一单元正常工作时，系统就正常工作，这样的系统结构称为并联结构。并联结构的可靠性框图如图 3-2 所示。

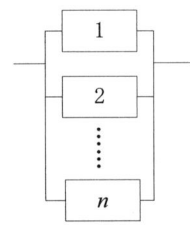

图 3-2　并联结构可靠性框图

并联系统的失效分布函数为式 3-5：

$$F_S(t) = F_1(t) \cdot F_2(t) \cdots F_n(t) = \prod_{i=1}^{n} F_i(t) \qquad (3-5)$$

并联系统的可靠度函数为式 3-6：

$$R_S(t) = 1 - \prod_{i=1}^{n} [1 - R_i(t)] \qquad (3-6)$$

并联系统的可靠度为式 3-7：

$$R_S(t) = 1 - \prod_{i=1}^{n} \left[1 - e^{-\lambda_i t}\right] \qquad (3-7)$$

例：两个单元并联，各单元相互独立且失效分布均为指数分布，即 $R_1(t) = e^{-\lambda_1 t}$，$R_2(t) = e^{-\lambda_2 t}$，求系统的可靠度、失效率和平均寿命。

解：可靠度为：

$$R_S(t) = 1 - [1 - R_1(t)][1 - R_2(t)] = R_1(t) + R_2(t) - R_1(t)R_2(t)$$
$$= e^{-\lambda_1 t} + e^{-\lambda_2 t} - e^{-(\lambda_1 + \lambda_2)t}$$

失效率为：

$$\lambda_S(t) = \frac{f_S(t)}{R_S(t)} = \frac{\lambda_1 e^{-\lambda_1 t} + \lambda_2 e^{-\lambda_2 t} - (\lambda_1 + \lambda_2)e^{-(\lambda_1 + \lambda_2)t}}{e^{-\lambda_1 t} + e^{-\lambda_2 t} - e^{-(\lambda_1 + \lambda_2)t}}$$

平均寿命为：

$$\theta_S = \int_0^\infty \left(e^{-\lambda_1 t} + e^{-\lambda_2 t} - e^{-(\lambda_1 + \lambda_2)t}\right) dt = \frac{1}{\lambda_1} + \frac{1}{\lambda_2} - \frac{1}{\lambda_1 + \lambda_2}$$

从例题中的结果可以看出，并联后系统的失效率不再是常数，即单元失效分布均为指数分布，构成并联系统后，系统失效分布不再是指数分布。几个单元并联的系统的平均寿命为多少？

如果例题中 $R_1(t) = R_2(t) = e^{-\lambda t}$，则：

$$R_S(t) = 2e^{-\lambda t} - e^{-2\lambda t}$$

$$\theta_S = \frac{2}{\lambda} - \frac{1}{2\lambda} = \frac{3}{2\lambda}$$

例：三个单元并联，各单元相互独立、失效分布为指数分布且失效率相同，即 $R_2(t) = R_3(t) = e^{-\lambda t}$，求系统的可靠度和平均寿命。几个单元并联的系统的平均寿命为多少？

解：
$$R_s(t) = 1 - [1-R_1(t)][1-R_2(t)][1-R_3(t)]$$
$$= R_1(t) + R_2(t) + R_3(t) - R_1(t)R_2(t) - R_1(t)R_3(t) - R_2(t)R_3(t) + R_1(t)R_2(t)R_3(t)$$
$$= 3e^{-\lambda t} - 3e^{-2\lambda t} + e^{-3\lambda t}$$
$$\theta_S = \frac{3}{\lambda} - \frac{3}{2\lambda} + \frac{1}{3\lambda} = \frac{1}{\lambda} + \frac{1}{2\lambda} + \frac{1}{3\lambda}$$

对于 n 个单元并联，单元失效率相同时，系统的平均寿命为：

$$\theta_S = \frac{1}{\lambda} + \frac{1}{2\lambda} + \cdots + \frac{1}{n\lambda}$$

根据几个单元并联的系统的平均寿命，随着并联单元的增多，对可靠性的贡献逐渐减少，所以常用两单元并联。

3.1.3 混联结构模型

由串联结构和并联结构混合而成的系统结构，称为混联结构。典型的是串—并联结构（系统级并联）和并—串联结构（单元级并联）。

（1）串—并联结构模型

串—并联结构是由一部分单元先组成一些串联结构的子系统，再由这些子系统组成一个并联结构的系统。图3-3是一个由4单元组成的简单的串—并联结构的可靠性框图。

以图3-3为例，根据串联结构和并联结构数学模型，串—并联系统的可靠度为式3-8：

$$R_{串并}(t) = 1 - [1-R_{串1}(t)][1-R_{串2}(t)] \tag{3-8}$$
$$= R_1(t)R_3(t) + R_2(t)R_4(t) - R_1(t)R_2(t)R_3(t)R_4(t)$$

如果图3-3中 $R_1(t) = R_2(t) = R_A(t)$，$R_3(t) = R_4(t) = R_B(t)$，则串—并联系统的可靠度为式3-9：

$$R_{串并}(t) = 2R_A(t)R_B(t) - R_A^2(t)R_B^2(t) \tag{3-9}$$

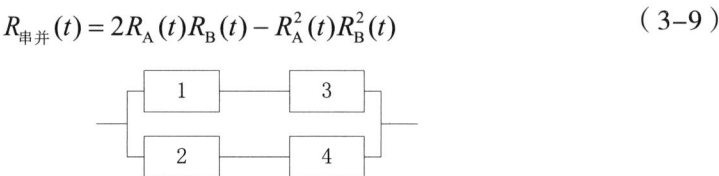

图3-3 串—并联结构的可靠性框图

（2）并—串联结构模型

并—串联结构是由一部分单元先组成一些并联结构的子系统，再由这些子系统组成一个串联结构的系统。图 3-4 是 4 单元组成的简单的并—串联结构的可靠性框图。

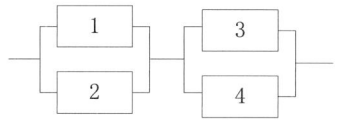

图 3-4 并—串联结构的可靠性框图

以图 3-4 为例，根据并联结构和串联结构数学模型，并—串联系统的可靠度为式 3-10：

$$R_{并串}(t) = R_{并1}(t)R_{并2}(t) \\ = [R_1(t) + R_2(t) - R_1(t)R_2(t)][R_3(t) + R_1(t) - R_3(t)R_4(t)] \quad (3-10)$$

如果图 3-4 中，$R_1(t) = R_2(t) = R_A(t)$，$R_3(t) = R_4(t) = R_B(t)$，则并—串联系统的可靠度为式 3-11：

$$R_{并串}(t) = [2R_A(t) - R_A^2(t)][2R_B(t) - R_B^2(t)] \\ = 4R_A(t)R_B(t) - 2R_A^2(t)R_B(t) - 2R_A(t)R_B^2(t) + R_A^2(t)R_B^2(t) \quad (3-11)$$

例：比较图 3-3 串—并联结构和图 3-4 并—串联结构的可靠性。

解：假设图 3-3 和图 3-4 中的单元 1、2、3、4 分别对应相同的单元，比较式 3-10 和式 3-11 有：

$$R_{并串}(t) - R_{串并}(t) = 2R_A(t)R_B(t) - 2R_A^2(t)R_B(t) - 2R_A(t)R_B^2(t) + 2R_A^2(t)R_B^2(t) \\ = 2R_A(t)R_B(t)[1 - R_A(t)][1 - R_B(t)] \geq 0$$

从例题中结果可以看出，从理论上讲单元级并联（并—串联结构）比系统级并联（串—并联结构）可靠性高。而实际应用中，一般单元级并联要比系统级并联复杂，因此为提高可靠性要采取哪种结构应根据具体设计的对象而定。

3.1.4 k/n 结构模型

如果系统由 n 个单元组成，至少有 k 个单元工作，系统才能工作，这样的系统结构称为 k/n（n 取 k）结构。图 3-5 是 k/n 结构的示意图。

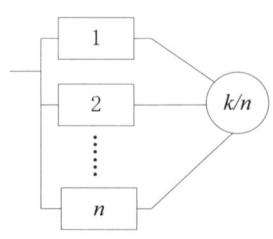

图 3-5　k/n 结构的示意图

为简便起见，假设 n 个单元相同且相互独立，其可靠度均为 $R(t)$，失效分布函数为 $F(t)=1-R(t)$，并且表决器是完全可靠的，可靠度为 1，则 k/n 系统的可靠度为式 3-12：

$$R_S(t)=\sum_{i=k}^{n}C_n^i R^i(t)F^{n-i}(t) \qquad (3-12)$$

如果单元失效分布为指数分布，可靠度 $R(t)=\mathrm{e}^{-\lambda t}$，则系统可靠度为式 3-13：

$$R_S(t)=\sum_{i=k}^{n}C_n^i \mathrm{e}^{-\lambda t}\left(1-\mathrm{e}^{-\lambda t}\right)^{n-i} \qquad (3-13)$$

可以计算系统的平均寿命，如式 3-14 所示：

$$\theta_S=\sum_{i=k}^{n}\frac{1}{i\lambda}=\frac{1}{k\lambda}+\frac{1}{(k+1)\lambda}+\cdots+\frac{1}{n\lambda} \qquad (3-14)$$

2/3 结构是常用的一种 k/n 结构，2/3 结构的示意图如图 3-6 所示。

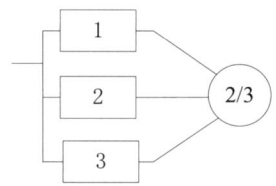

图 3-6　2/3 结构的示意图

例：设 2/3 系统中的 3 个单元相同且相互独立，其可靠度均为 $R(t)$，失效分布函数为 $F(t)=1-R(t)$，并且表决器是完全可靠的、其可靠度为 1，求 2/3 系统的可靠度和平均寿命。

解：
$$R_{2/3}(t)=3R^2(t)[1-R(t)]+R^3(t)=3R^2(t)-2R^3(t)$$

如果单元失效分布为指数分布，可靠度 $R(t)=\mathrm{e}^{-\lambda t}$，则：

$$R_{2/3}(t)=3\mathrm{e}^{-2\lambda t}-2\mathrm{e}^{-3\lambda t}$$

$$\theta_{2/3} = \frac{3}{2\lambda} - \frac{2}{3\lambda} = \frac{5}{6\lambda}$$

3.1.5 旁联结构模型

系统工作时，组成系统的 n 个单元只有一个单元工作，其余单元不工作。当工作单元故障时，通过转换装置转换到另一个单元，直到所有单元都故障时，系统才失效，这样的系统结构称为旁联结构，又称非工作储备结构。图 3-7 是旁联结构的示意图。

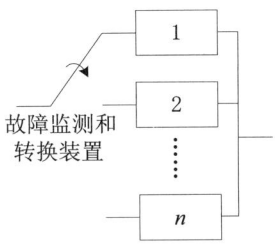

图 3-7 旁联结构

为了简便起见，假设故障监测和转换装置是完全可靠的，并且是两个单元组成的旁联结构，一个单元工作，另一个单元备用不工作。

例：如果工作单元的可靠度为 $R_1(t)$，备用单元可靠度为 $R_2(t)$ 且备用时不发生失效，分析该系统的可靠性。

解：为保证系统到 t 时刻在工作，有两种情况。一种情况是工作单元在时间 $(0,t)$ 内没有发生故障（其概率为 $R_1(t)$），另一种情况是在 x 时刻（$0 < x < t$），工作单元发生故障（其概率为 $f_1(x)\mathrm{d}x$），转换到备用单元工作，其后在时间 (x,t) 内没有发生故障（其概率为 $R_2(t-x)$）。因此，两单元的旁联系统可靠度为：

$$R_{旁}(t) = R_1(t) + \int_0^t f_1(x) R_2(t-x) \mathrm{d}x$$

如果工作单元和备用单元失效分布均为指数分布，$R_1(t) = \mathrm{e}^{-\lambda_1 t}$，$R_2(t) = \mathrm{e}^{-\lambda_2 t}$，则：

$$R_{旁}(t) = \mathrm{e}^{-\lambda_1 t} + \int_0^t \lambda_1 \mathrm{e}^{-\lambda_1 \cdot x} \mathrm{e}^{-\lambda_2 (t-x)} \mathrm{d}x = \frac{\lambda_2 \mathrm{e}^{-\lambda_1 x} - \lambda_1 \mathrm{e}^{-\lambda_2 x}}{\lambda_2 - \lambda_1}$$

平均寿命为：

$$\theta_{旁} = \frac{1}{\lambda_1} + \frac{1}{\lambda_2}$$

特别当两个单元相同 $\lambda_1 = \lambda_2 = \lambda$ 时，有：

$$R_{旁}(t) = e^{-\lambda t} + \int_0^t \lambda e^{-\lambda x} e^{-\lambda(t-x)} dx = e^{-\lambda t}(1+\lambda t)$$

$$\theta_{旁} = \frac{2}{\lambda}$$

例：如果工作单元的可靠度为 $R_1(t)$，考虑备用单元备用时可能失效，备用时可靠度为 $R_{2备}(t)$、工作时可靠度为 $R_2(t)$，分析该系统的可靠性。

解：用上例相同的分析方法，有：

$$R_{旁}(t) = R_1(t) + \int_0^t f_1(x) R_{2备}(x) R_2(t-x) dx$$

如果备用单元和工作单元的失效分布相同，备用单元备用时和工作时失效分布也相同，均为指数分布 $R_1(t) = R_{2备}(t) = R_2(t) = e^{-\lambda t}$，则：

$$R_{旁}(t) = e^{-\lambda t} + \int_0^t \lambda e^{-\lambda x} e^{-\lambda x} e^{-\lambda(t-x)} dx = 2e^{-\lambda t} - e^{-2\lambda t}$$

由此可以看出，这种情况和两个单元并联的结果完全相同。

在上面分析中，若备用单元在备用时不失效，这种系统通常称为冷备系统。若备用单元在备用时可能失效，这种系统通常称为热备系统。对于旁联结构，如果考虑故障监测和转换装置不是完全可靠而可能失效的情况，同样可以用例题的思路进行分析。

3.2 故障树模型

3.2.1 故障树简介

故障树分析（Fault Tree Analysis，FTA）是在系统设计过程中，通过对可能造成系统故障的各种因素（包括硬件、软件、环境、人为因素等）进行分析，画出逻辑框图（即故障树），从而确定故障原因的各种组合方式及其发生概率，并采取相应的纠正措施以提高系统可靠性、安全性的一种设计方法。

故障树分析方法是 1961 年由美国贝尔实验室的华生（H. A. Watson）和汉塞尔（D. F. Hans）首先提出。目前，故障树分析法是公认的对复杂系统进行安全性、可靠性分析的一种好方法，在许多重要领域得到了广泛的应用。

故障树分析法是一种利用方框图解法表示可能造成系统故障的各种因素的方法。故障树分析在安全性分析上具有良好的效果，尤其是复杂的功能通路中的安全性分析。在复杂的功能通路中，非致命事件的一个或多个的组合输出，可能产生一个不希望的致命事件。故障树分析可以对导致产生一个不希望的致命输出事件的各种可能的事件组合，提供一个简明扼要而且有序的描述。故障树分析的作用有：

①在系统分解的更低级别中，分配致命故障模式的概率。
②从安全的角度出发，对可供选择的设计结构进行比较。
③确定致命性故障通路和设计弱点，以便进行改进。
④对可供选择的改进措施进行评价。
⑤制定使用、试验及维修程序，以判断并处理不可避免的致命性故障模式。

故障树分析的一般步骤包括：

①选择顶事件。选择系统中人们不希望发生的致命事件（影响系统可靠性、安全性等的故障事件）作为顶事件，一个系统中顶事件可以不止一个。

②建造故障树。对可能引发顶事件的硬件、软件、环境、人为因素等进行分析，画出故障树。

③故障树分析。确定顶事件发生的概率和引发顶事件的各种可能组合及其发生的概率，主要包括故障树的定性分析和定量分析。

3.2.2 故障树建造

（1）事件及其符号

故障树中的事件用于描述系统和元部件故障状态。故障树中常用事件的符号见表3-1所示。

表3-1 故障树常用事件符号

序号	符号	名称	说明
1	○	基本事件（底事件）	它是元部件在设计的运行条件下发生的随机故障事件，一般来说它的故障分布是已知的。为了进一步区分故障性质，又可用实线圆表示部件本身故障，虚线圆表示由人为错误引起的故障
2	◇	未展开事件（底事件）	一般用以表示那些可能发生，但概率值较小，或者对此系统而言不需要再进一步分析的故障事件。它们在定性、定量分析中一般可以忽略不计

续　表

序号	符号	名称	说明
3		顶事件	人们不希望发生的对系统技术性能、经济性、可靠性和安全性有显著影响的故障事件。顶事件可由 FMECA 分析确定
4		中间事件	包括故障树中除底事件及顶事件之外的所有事件
5		输入三角形	位于故障树的底部，表示树的 A 部分分支在另外地方
6		输出三角形	位于故障树的顶部，表示树 A 是另外部分绘制的故障树的子树

（2）逻辑门及其符号

故障树中事件之间的逻辑关系由逻辑门表示，它们与事件一起构成了故障树。故障树中常用的逻辑门是逻辑"与门"和逻辑"或门"，其他逻辑门在某种程度上都可以化为逻辑"与门"和逻辑"或门"。故障树中常用的逻辑门及其符号见表 3-2 所示。

表3-2　故障树常用逻辑门及符号

序号	符号	名称	说明
1	&(·)	与门	设 $B_i(i=1,2,\cdots,n)$，为门的输入事件，A 为门的输出事件。B_i 同时发生，A 必然发生，这种关系称为事件交，用逻辑"与门"描述，相应的逻辑代数表达式为 $A = B_1 \cap B_2 \cap B_3 \cap \cdots \cap B_n$
2	≥1(+)	或门	当输入事件 B_i 中至少一个发生时，输出事件 A 必然发生，这种关系称为事件并，用逻辑"或门"描述，相应的逻辑代数表达式为 $A = B_1 \cup B_2 \cup B_3 \cup \cdots \cup B_n$

续表

序号	符号	名称	说明
3	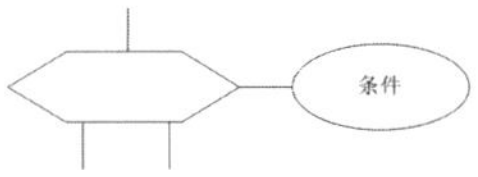	条件门	当给定条件满足时,则输入事件直接引起输出事件的发生,否则输出事件不发生,图中长椭圆形是修正符号,其注明限制条件
4	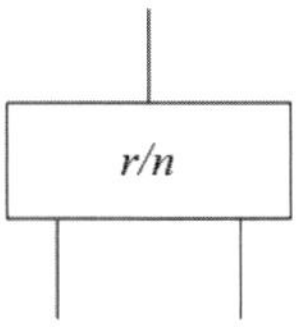 r/n	表决门	n 个输入事件中至少有 r 个发生,则输出事件发生,否则输出事件不发生

（3）故障树建造的步骤

故障树建造要求其建造者对于系统及其各个组成部分有透彻的了解,应由系统设计人员亲自建造故障树,同时与其他方面人员密切合作。建树是一个多次反复、逐步深入完善的过程。建造故障树的步骤如下：

①广泛收集并分析系统及其故障的有关资料。包括系统的设计资料,如说明书、原理图、结构图和设计说明等；试验资料,如试验报告、故障记录等；使用维护资料,如维修规章、维修记录等；用户信息,如质量保证期的故障信息、重大故障的详细分析报告等。

②选择顶事件。顶事件的选取根据分析目的不同,可分别考虑对系统技术性能、经济性、可靠性和安全性影响显著的故障事件。

③建造故障树。建造故障树采用逻辑演绎法,将已确定的顶事件定在顶部矩形框内,将引起顶事件的全部必要而又充分的直接原因事件（包括硬件、软件、环境、人为因素等）置于相应原因事件符号中,画出第二层,再根据系统中它们的逻辑关系用逻辑门连接顶事件和这些直接原因事件。如此逐级向下发展,直到所有最低一层原因事件都是底事件为止。对于复杂系统,建造故障树时应按层次逐级展开。

（4）建树的注意事项

①明确建树边界条件,简化故障树。简化故障树可考虑以下几个方面：

a. 对系统进行必要的合理假设,如不考虑人为故障等；

b. 故障树的接口应和其对应系统相一致，即树的边界应和系统的边界相一致，才可避免遗漏和重复；

c. 对于部件较多的系统，可在故障模式影响及危害性分析的基础上，将那些对于给定的顶事件不重要的部件舍去。

②故障事件定义要严格明确，特别是顶事件必须严格定义。

③建树应从上向下逐级进行，在同一逻辑门的全部必要而又充分的直接输入位明确之前，不得进一步绘制其他逻辑门，避免遗漏。

④建树时不允许门—门直接相连，每一个逻辑门的输出事件都应清楚定义，使人们对所描述的事件之间的逻辑关系一目了然，因此不允许门—门直接相连。

3.2.3 故障树的数学模型

（1）故障树与可靠性框图

从数学角度看，可靠性框图与故障树是等价的，两者分别从系统正常工作与故障两个角度进行分析工作。可靠性框图用通路框图表示单元工作与系统工作之间的关系，故障树用逻辑框图表示单元故障与系统故障之间的关系。

可靠度是系统完成功能的概率，顶事件发生的概率是系统故障或某一种故障发生的概率。它们是从系统功能成功和失效两个不同的角度，对系统可靠性、安全性的定量描述，它们之间存在着必然的关系。可靠性框图和故障树逻辑图之间的基本关系如图 3-8、图 3-9 所示。

图 3-8 是包含 A 与 B 的两单元简单串联系统，系统成功记作 R=AB；系统失效记作 $\overline{R} = 1 - R = 1 - AB$。

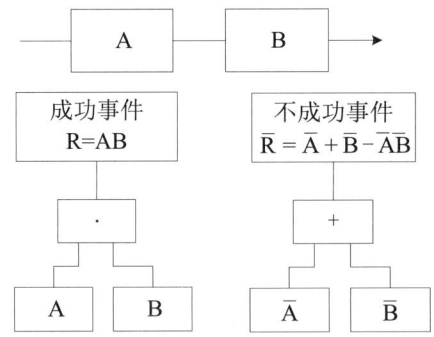

图 3-8 两单元串联可靠性框图转换为故障树逻辑图

可靠性框图中的"串联"转换为故障树中的"或门"，可靠性框图中的"并联"转换为故障树中的"与门"。

（2）结构函数

对于单元而言，仅考虑有工作和失效两种状态，分别由 1 和 0 表示。组成系统的各单元分别由状态变量 $x_1, x_2, \cdots, x_n$ 表示，状态变量的取值只有 1 和 0，则系统内部状态向量表示为式 3-15：

$$\boldsymbol{X} = (x_1, x_2, \cdots, x_n) \qquad (3\text{-}15)$$

系统状态也仅考虑工作和失效两种状态，系统状态用 $\varPhi$ 表示，系统状态 $\varPhi$ 值由系统内部状态向量 X 所决定。因此，$\varPhi$ 是 X 的函数，可表示为式 3-16：

$$\varPhi = \varPhi(\boldsymbol{X}) \qquad (3\text{-}16)$$

式中：函数 $\varPhi(\boldsymbol{X})$ 称为系统的结构函数。

研究冗余结构时，对于其结构函数有如下假设：

①所有单元正常工作则系统必然正常工作；

②所有单元失效则系统必然失效；

③系统处于失效状态时，正常工作的单元如果失效不可能使系统恢复到工作状态，反之，系统处于工作状态时，失效的单元恢复到正常工作状态不可能使系统失效，这种结构称为单调结构。

串联结构的结构函数为式 3-17：

$$\varPhi(\boldsymbol{X}) = \bigcap_{i=1}^{n} x_i \quad i = 1, 2, \cdots, n \qquad (3\text{-}17)$$

并联结构的结构函数为式 3-18：

$$\varPhi(\boldsymbol{X}) = \bigcup_{i=1}^{n} x_i \quad i = 1, 2, \cdots, n \qquad (3\text{-}18)$$

对于故障树，$\varPhi(\boldsymbol{X}) = 1$ 表示系统故障或某一故障发生。

与门结构的结构函数为式 3-19：

$$\varPhi(\boldsymbol{X}) = \bigcap_{i=1}^{n} x_i \quad i = 1, 2, \cdots, n \qquad (3\text{-}19)$$

或门结构的结构函数为式 3-20：

$$\varPhi(\boldsymbol{X}) = \bigcup_{i=1}^{n} x_i \quad i = 1, 2, \cdots, n \qquad (3\text{-}20)$$

（3）路集和割集

从可靠度的角度出发，$\varPhi(\boldsymbol{X}) = 1$ 的系统状态 $\boldsymbol{X}$ 叫做可靠状态，$\varPhi(\boldsymbol{X}) = 0$ 的状

态 X 叫做不可靠状态。使系统处于可靠状态的系统状态的集合，称为路集，即系统中这些单元正常工作时，系统必然工作。如果路集中的任意一个单元失效则系统失效，这样的路集称为最小路集。

使系统处于不可靠状态系统状态的集合，称为割集，即系统中这些单元失效时，系统必然失效。如果割集中的任意一个单元恢复工作则系统不再失效，这样的割集称为最小割集。对于故障树来说，割集是指：故障树中一些底事件的集合，当这些底事件同时发生时，顶事件必然发生。最小割集是指：若将割集所含的底事件去掉任意一个就不再成为割集了，这样的割集就是最小割集。路集是指：故障树中一些底事件的集合当这些底事件同时不发生时，顶事件必然不发生。最小路集是指：若将路集所含的底事件去掉任意一个就不再成为路集了，这样的路集就是最小路集。

3.2.4 故障树的定性分析

故障树定性分析的目的在于，寻找导致顶事件发生的原因及原因的组合，识别导致顶事件发生的所有故障模式。故障树定性分析的任务就是要寻找故障树的全部最小割集。求系统故障树最小割集的方法主要有下行法和布尔代数法。

根据故障树的实际结构，从顶事件开始，逐层向下寻查，找出割集。规则就是遇到"与门"增加割集阶数（割集所含底事件数目），遇到"或门"增加割集个数。具体做法就是把从顶事件开始逐层向下寻查的过程横向列表，遇到"与门"就将其输入事件取代输出事件排在表格的同一行下一列内，遇到"或门"就将其输入事件在下一列纵向依次展开，直到故障树的最底层。这样列出的表格最后一列的每一行都是故障树的割集，再通过割集之间的比较，进行合并消元，最终得到故障树的全部最小割集。

例：用下行法求如图 3-9 所示故障树的割集与最小割集。

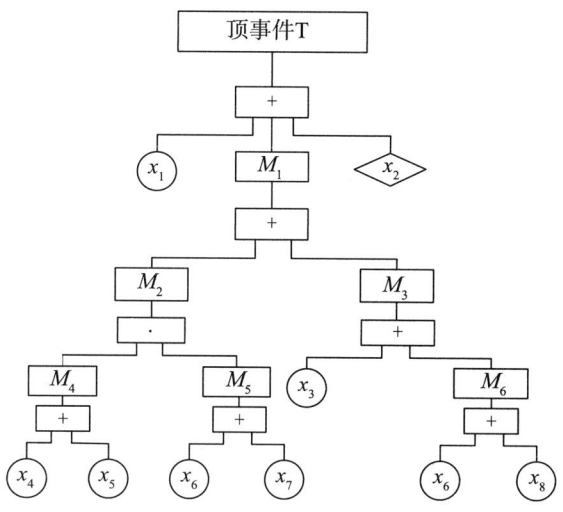

图 3-9 故障树示例

下行法的过程列成表 3-3，表中从步骤 1 到 2，因 M_1 下面是"或门"，所以在步骤 2 中 M_1 的位置换之以 M_2，M_3，且竖向串列。从步骤 2 到 3，因 M_2 下面是"与门"，所以在下一列同一行内用 M_4，M_5 代替 M_2 横向并列，由此下去直到第 6 步，共得 9 个割集：

$$\{x_1\},\{x_4,x_6\},\{x_4,x_7\},\{x_5,x_6\},\{x_5,x_7\},\{x_3\},\{x_6\},\{x_8\},\{x_2\}$$

通过集合运算吸收律规则简化以上割集，得到全部最小割集。因为：

$$x_6 \bigcup x_4 x_6 = x_6, x_6 \bigcup x_5 x_6 = x_6$$

所以 $x_4 x_6$ 和 $x_5 x_6$ 被吸收，得到全部最小割集：

$$\{x_1\},\{x_4,x_7\},\{x_5,x_7\},\{x_3\},\{x_6\},\{x_8\},\{x_2\}$$

表 3-3 下行法的过程

步骤	1	2	3	4	5	6
过程	x_1	x_1	x_1	x_1	x_1	x_1
	M_1	M_2	M_4,M_5	M_4,M_5	x_4,M_5	x_4,x_6
	x_2	M_3	M_3	x_3	x_5,M_5	x_4,x_7
		x_2	x_2	M_6	x_3	x_5,x_6
				x_2	M_6	x_5,x_7
					x_2	x_3

续表

步骤	1	2	3	4	5	6
						x_6
						x_8
						x_2

3.2.5 故障树定量分析

故障树定量分析的任务是根据底事件发生的概率估计顶事件发生的概率。复杂系统的故障树定量计算一般很复杂，特别是当故障不服从指数分布时，难以用解析法求得精确结果。在故障树定量计算时可以通过故障树的逻辑关系直接求顶事件发生的概率，也可以通过最小割集求顶事件发生的概率。

（1）直接求顶事件的发生概率

直接求顶事件的发生概率是根据基本事件相关的具体信息，比如底事件的概率及事件之间的逻辑关系，直接计算的。

例：求如图 3-10 所示混联系统故障树顶事件的发生概率。

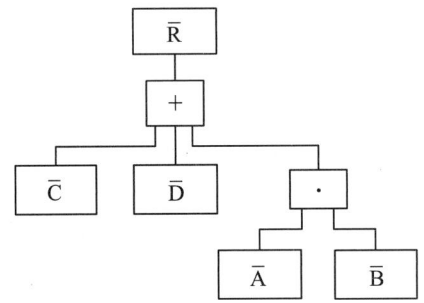

图 3-10 混联系统逻辑图

解：顶事件为系统失效事件 $\overline{R}$，顶事件的结构函数为：

$$\Phi(\overline{R}) = \overline{C} \cup \overline{D} \cup (\overline{A} \cap \overline{B})$$

根据逻辑运算法则得：

$$\Phi(\overline{R}) = \overline{C} + \overline{D} + \overline{AB} - (\overline{CD} + \overline{CAB} + \overline{DAB}) + \overline{CDAB}$$

将上式中的状态变量底事件代入底事件的发生概率，即可求出顶事件的发生概率：

$$P(\overline{R}) = P(\overline{C}) + P(\overline{D}) + P(\overline{A})P(\overline{B}) - [P(\overline{C})P(\overline{D}) + P(\overline{C})P(\overline{A})P(\overline{B})$$
$$+ P(\overline{D})P(\overline{A})P(\overline{B})] + P(\overline{C})P(\overline{D})P(\overline{A})P(\overline{B})$$

式中，$P(\overline{R})$、$P(\overline{A})$、$P(\overline{B})$、$P(\overline{C})$、$P(\overline{D})$分别是顶事件和各底事件的发生概率。

（2）通过最小割集求顶事件的发生概率

若$\{x_1, x_2, \cdots, x_n\}$是故障树中的一个最小割集，则该最小割集的结构函数为式3-21：

$$\Phi\{x_1, x_2, \cdots, x_n\} = \prod_{i=1}^{n} x_i \qquad (3-21)$$

若故障树有k个最小割集，最小割集的结构函数分别为$\Phi_1\{X\}, \Phi_2\{X\}, \cdots, \Phi_K\{X\}$，则故障树顶事件的结构函数$\Phi_S(X)$为式3-22：

$$\Phi_S(X) = \bigcup_{i=1}^{k} \Phi_i\{X\} \qquad (3-22)$$

例：通过最小割集求图3-10中混联系统故障树顶事件的发生概率。

解：顶事件为系统失效事件$\overline{R}$的故障树的全部最小割集为：

$$\{\overline{C}\}, \{\overline{D}\}, \{\overline{A}, \overline{B}\}$$

由最小割集构成的结构函数为：

$$\Phi(\overline{R}) = \overline{C} \cup \overline{D} \cup \overline{AB} = \overline{C} + \overline{D} + \overline{AB} - (\overline{CD} + \overline{CB} + \overline{DAB}) + \overline{CAB}$$

例：一个三取二系统，系统由三个单元组成，其中任意两个单元工作，系统工作。选取系统故障为故障树的顶事件，求顶事件的发生概率。

解：从故障树分析的角度出发，任意两个单元同时故障则系统必然故障。单元故障为底事件，分别记为x_1, x_2, x_3，则全部最小割集为$\{x_1, x_2\}, \{x_1, x_3\}, \{x_2, x_3\}$。系统故障顶事件记作M，顶事件结构函数为：

$$\Phi(M) = x_1 x_2 \cup x_1 x_3 \cup x_2 x_3 = 1 - (1 - x_1 x_2)(1 - x_1 x_3)(1 - x_2 x_3)$$
$$= x_1 x_2 + x_1 x_3 + x_2 x_3 - \left(x_1^2 x_2 x_3 + x_1 x_2^2 x_3 + x_1 x_2 x_3^2\right) + x_1^2 x_2^2 x_3^2$$

这里，因为x_i只能取0和1，所以：

$$x_i^2 = x_i$$

将上式化简，得到：

$$\Phi(M) = x_1 x_2 + x_1 x_3 + x_2 x_3 - 2 x_1 x_2 x_3$$

顶事件M的发生概率F_S为：

$$F_S = F_1 F_2 + F_1 F_3 + F_2 F_3 - 2 F_1 F_2 F_3$$

式中，F_1、F_2、F_3，分别是底事件x_1、x_2、x_3的发生概率。

3.2.6 铁路信号设备故障树分析示例

（1）示例

对一般轨道电路进行故障树分析，建造故障树。具体分析步骤如下：

①对轨道电路进行分析。轨道电路的功能是检测轨道电路区段是否有列车占用，主要由发送设备、接收设备、钢轨线路、连接线等构成。

②选择顶事件。从轨道电路的功能分析，轨道电路故障的后果有两种情况。

一种情况是轨道电路区段有车占用，而轨道电路反映为无车占用，使防护该区段的信号机显示允许信号，其后果是其他的列车可能驶入该区段，发生正面冲突或追尾等危险事件。对于可能出现这种危险事件的轨道电路设备，在铁路现场是不能运用的。因此在研究新的轨道电路设备时，应把这种事件作为顶事件进行故障树分析。

另一种情况是轨道电路区段无车占用，而轨道电路反映为有车占用，使防护该区段的信号机显示禁止信号，列车不能驶入该区段，其后果是影响运输效率。轨道电路区段无车占用而反映为有车占用的情况在铁路现场时有发生，这里选择这一事件为顶事件建造故障树。

③建造故障树。故障树建造的过程就是一个分层次逐步查找故障原因的过程。轨道电路区段无车占用而反映为有车占用的原因从轨道电路的接收端来看，或是接收设备故障，接收到发送设备发出的正确信号而没能正确译码；或是接收设备没有接收到正确信号。我们把这些事件归为一个层次，接收设备故障定为底事件 x_1；没有接收到正确的信号划分为三种情况，分别定为中间事件 M_1 无信号、M_2 信号电平低于接收设备门限值、M_3 信号特性不符合标准。在下一个层次，对中间事件 M_1、M_2、M_3 的原因进行分析，依次逐层分析，直至全部为底事件为止。轨道电路故障（区段内无车而轨道电路反映有车占用）的故障树如图 3-11 所示。

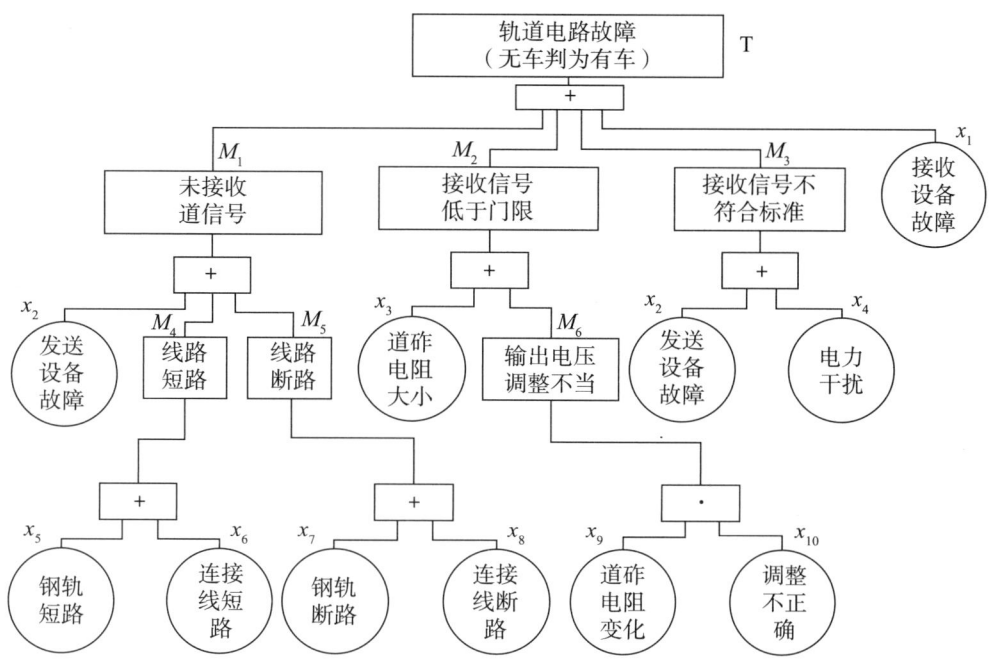

图 3-11 轨道电路故障（无车判为有车）的故障树

在图 3-11 中，接收设备故障 x_1 和发送设备故障 x_2 是底事件，也可以继续将接收设备故障和发送设备故障分别选择为顶事件，分别建造故障树。

（2）故障树分析

通过寻找故障树的全部最小割集，找出造成"区段内无车而判定为有车占用的轨道电路故障"的各种原因和原因组合。

应用下行法寻找图 3-11 故障树的全部最小割集，见表 3-4。从表中可以看出图 3-11 故障树的全部最小割集为 x_1、x_2、x_3、x_4、x_5、x_6、x_7、x_8、$\{x_9, x_{10}\}$。"区段内无车而判定为有车占用的轨道电路故障"的原因有：接收设备故障、发送设备故障、道砟电阻太小、牵引电流干扰、钢轨线路短路、连接线断线或混线、道砟电阻变化时发送设备输出电压调整不当。

表3-4 寻找图3-11故障树的全部最小割集

步骤		1	2	3	4	5	6	7
过程		x_1	x_1	x_1	x_1	x_1	x_1	x_1
		M_1	x_2	x_2	x_2	x_2	x_2	x_2
		M_2	M_4	M_4	M_4	x_5	x_5	x_5

续表

步骤	1	2	3	4	5	6	7
过程		M_3	M_5	M_5	M_5	x_6	x_6	x_6
		M_2	x_3	x_3	M_5	x_7	x_7
		M_3	M_6	M_6	x_3	x_8	x_8
			M_3	x_2	M_6	x_3	x_3
				x_4	x_4	M_6	x_9, x_{10}
						x_4	x_4

通过故障树分析，判明故障发生的各种原因，以便改进设计，也可以用来指导故障诊断，改进使用和维修方案。

3.3 事件树模型

事件树分析（Event Tree Analysis，ETA）是在系统设计过程中，在给定一个初因事件的前提下，分析此初因事件可能导致的各种序列的结果，以评价系统安全性的设计分析方法。初因事件是可能引发系统安全性后果的系统内部故障或外部事件。事件树分析是一种逻辑演绎法，由于事件序列用图形表示，并且成树状，故得名事件树。事件树可用于描述系统中可能发生的事件序列，在分析复杂系统的重大故障和事故时，是一种有效的方法。这种方法尤其适用于具有冗余设计、故障检测与保护设计的复杂系统的安全性分析，在这些系统中设备的投入使用具有明显的次序性。

3.3.1 事件树的分析步骤

（1）事件树中各类事件的定义

初因事件——可能引发系统安全性后果的系统内部的故障或外部的事件。

后续事件——在初因事件发生后，可能相继发生的其他事件。这些事件可能是系统功能设计中所决定的某些备用设施或安全保证设施的启用，也可能是系统外部正常或非正常事件的发生，后续事件一般是按一定的顺序发生的。

后果事件——由于初因事件和后续事件的发生或不发生所构成的不同后果。

（2）事件树

事件树的初因事件可能来自系统的内部失效或外部的非正常事件。在初因事件发生后相继发生的后续事件（安全保护系统的投入）一般是由系统的设计或事件的发展进程所决定的。如果对于特定的初因事件，有 n 个后续事件，且每一个后续事件只有发生或不发生两种状态，则其可能的后果事件数为 2^n 个，这样的事件树又称为完全的事件树。如图 3-12 所示的事件树，其初因事件的后续事件为系统 1 正常或故障和系统 2 正常或故障，其后果事件数为 $2^2=4$。图 3-12 中的后果事件中 S 表示系统正常，F 表示系统失败。

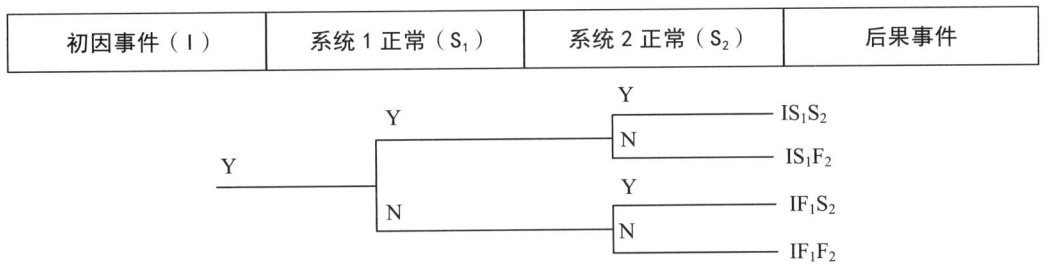

图 3-12 事件树示意图

（3）事件树的分析步骤

①确定初因事件。确定和分析可能导致系统安全性后果的初因事件并进行分类，将可能导致相同事件树的初因事件划分为一类。

②建造事件树。确定并分析发生的初因事件后，找出可能相继发生的后续事件，并进一步确定这些事件发生的先后顺序，按后续事件发生或不发生（二态）分析各种可能的后果，找出后果事件。事件树建造的过程也是对系统的一个再认识过程。

③事件树的定量分析。对所建的事件树收集、分析各事件的发生概率及其相互的依存关系，定量计算各后果事件的发生概率，并进一步分析评估其风险。

3.3.2 事件树建造

下面以铁路信号自动闭塞区段轨道电路故障，导致通过信号机显示红灯为例，进行事件树建造。

①确定初因事件。自动闭塞是根据列车运行及有关闭塞分区状态，自动变换通过信号机的显示。闭塞分区有无列车占用通过轨道电路检测。当闭塞分区有列车占用时，防护该闭塞分区的通过信号机显示禁止灯光——红灯，后续列车必须在通过信号机前停车；当闭塞分区无列车占用时，防护该闭塞分区的通过信号机

显示允许灯光，允许列车越过该通过信号机。轨道电路故障后果有两种情况：一种故障是闭塞分区有车占用而轨道电路反映为无车占用，这将直接威胁行车安全，不符合"故障安全"原则，这种故障不允许存在；另一种故障是闭塞分区无车占用而轨道电路反映为有车占用，这种故障影响运输效率，如果这种故障经常发生，也可能造成威胁行车安全的后果。在这里将某闭塞分区轨道电路经常故障，造成防护该区段的通过信号机显示红灯的事件，确定为初因事件。

②找出可能相继发生的后续事件，并进一步确定这些事件发生的先后顺序。某闭塞分区轨道电路经常故障，造成防护该区段的通过信号机显示红灯事件发生后，可能的后续事件是该闭塞分区有车，该通过信号机前方有后续列车并且司机知道该信号机故障，司机误判该闭塞分区无车并且违章操作列车运行速度超过规定的 20 km/h。

③按后续事件发生或不发生（二态）分析各种可能的后果、找出后果事件，如图 3-13 所示。

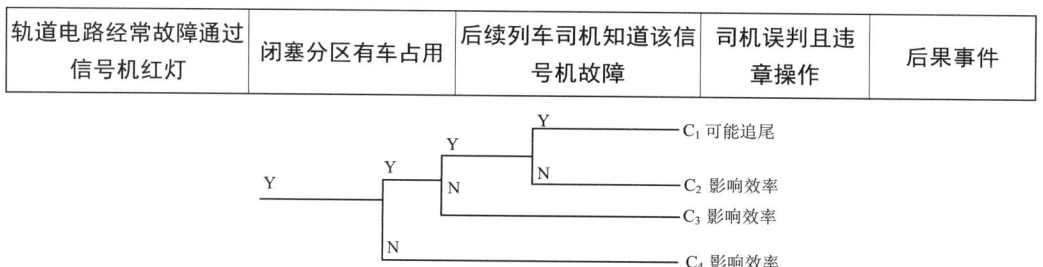

图 3-13　自动闭塞轨道电路故障通过信号机红灯的事件树

在建造事件树的过程中，应注意有些事件链并没有发展到最后。如果某一后续事件发生后，其后的其他事件无论发生与否都不会影响该事件链的后果时，该事件链就可以结束。

在利用事件树对系统安全性进行分析时，最重要的一步是对系统的功能及外部因素进行详细的分析，确定初因事件、后续事件及其先后顺序，分析各种可能的事件序列并确定其后果，从而建立事件树。

3.3.3 事件树定量分析

事件树的定量分析是计算事件树中每一事件链分支发生的概率，并进一步评定这些事件链所造成后果的风险。事件树定量分析的主要步骤如下：

（1）确定初因事件与后续事件的发生概率

当初因事件或后续事件为系统中某一部件的故障事件时，其发生概率即为该部件发生故障的概率。对这类事件可通过可靠性预计、故障树分析或使用统计等方法得出其故障率。而当这些事件为某些外部因素（如环境因素、人为因素等），其概率一般需通过长期的数据积累再经过统计分析或评估得出。

（2）*计算后果事件的发生概率*

计算后果事件的发生概率可分为两种情况：一种是不考虑事件链中各事件的相依关系，另一种是考虑各事件的相依关系。

以图 3-13 所示的两个系统为例。如果不考虑各事件的相依关系，系统 1 和系统 2 相互独立，分别求出系统 1 和系统 2 的故障概率即可算出如式 3-23 至式 3-26 所示的各后果事件的发生概率：

$$P(I\,S_1 S_2) = P(I) \cdot P(S_1) \cdot P(S_2) \approx P(I) \qquad (3-23)$$

$$P(I\,S_1 F_2) = P(I) \cdot P(S_1) \cdot P(F_2) \approx P(I) \cdot P(F_2) \qquad (3-24)$$

$$P(I\,F_1 S_2) = P(I) \cdot P(F_1) \cdot P(S_2) \approx P(I) \cdot P(F_1) \qquad (3-25)$$

$$P(I\,F_1 F_2) = P(I) \cdot P(F_1) \cdot P(F_2) \qquad (3-26)$$

在工程系统中，安全系统的可靠性都较高，因此系统成功的概率近似为 1。

如果考虑各事件的相依关系，当事件树中各事件的发生不相互独立时，进行事件树中后果事件发生概率的计算将更为复杂，此时必须考虑各种事件发生的条件概率。如图 3-13 事件树中的后果事件 IF_1F_2 的概率如式 3-27 所示：

$$P(I\,F_1 F_2) = P(I) \cdot P(F_1|\,I) \cdot P(F_2|\,F_1, I) \qquad (3-27)$$

式中：$P(F_1|\,I)$——在初因事件 I 发生的条件下，系统 1 失效事件（F_1）发生的概率；$P(F_2|\,F_1, I)$——在初因事件 I 发生、系统 1 失效事件（F_1）也发生的条件下，系统 2 失效事件（F_2）发生的概率。

复习思考题

1. 什么是串联结构、并联结构、k/n 结构？写出它们的可靠性数学模型。

2. 一个系统有三个单元组成，任何一个单元失效系统就失效不能工作，每一个失效分布均为指数分布，其平均失效间隔时间分别为 $MTBF_1$、$MTBF_2$、$MTBF_3$，求系统的平均失效间隔时间。

3. 一个单元的系统和 2/3 系统的单元均为指数分布，并且失效率相同均为 λ，一个单元的系统平均寿命 $\theta = \dfrac{1}{\lambda}$，2/3 系统平均寿命 $\theta = \dfrac{5}{6\lambda}$，试说明如何理解这两个系统的可靠性的高低。

4. 什么是故障树的顶事件？

5. 简要说明故障树 FTA 方法的分析步骤。

第 4 章　可靠性数据的分析与验证

所有设计工作的目标都是使产品能正常工作，但是正常工作的产品并不能够提供大量改进信息。相反，故障却能提供许多信息，告诉人们应当在哪些方面进行改进。因此，从故障分析中获得信息反馈是产品不断向前发展的方法之一。

可靠性工作不仅仅是对产品进行可靠性评估，更重要的是提高产品的可靠性。为了提高产品的可靠性，必须确定故障的性质及其根本原因，并加以改正。可靠性（或故障）数据是可靠性工程的基础，可靠性数据包括故障报告及被监控的设备或系统正常持续工作的报告，没有可靠性数据，可靠性工程就变成了无源之水。可靠性数据的用途或者说应用可靠性数据的目的主要有：①证实产品是否满足其可靠性的定量要求；②查明产品的缺陷，为制定改正措施提供依据；③建立故障档案，用于进行方案比较和可靠性预计。此外，可靠性数据还可以提供维修的信息，用来编制有效的预防性维修程序，以及对备品备件的要求。

对可靠性数据的要求是完整和准确，以便根据这些数据做出正确的结论。不完整和不准确的故障报告必然导致数据完全失去可信性或做出错误的结论，进而，根据这些结论做出的决策和采取的措施也将是错误的。可靠性（或故障）数据来源主要有：①研制生产中的厂内故障报告、分析和纠正措施系统；②可靠性试验数据；③转包商和供给商提供的数据；④现场数据；⑤可靠性数据库。

本章首先介绍铁路现场可靠性数据收集方法，其次给出可靠性数据分析和可靠性验证方法，最后介绍铁路信号设备可靠性评估和验证的实例。

4.1　可靠性数据收集

铁路信号可靠性数据是评价铁路信号可靠性水平的依据，也是不断提高铁路信号可靠性水平的基础。人们在铁路信号设备的研制、生产和使用过程中，研制、生产人员和使用、维修人员对设备发生的故障都会进行记录和分析，但是这些记录和分析可能是不准确的、不完整或是零散的，因此不能作为好的可靠性数据被应用。为了做好铁路信号可靠性数据的收集工作，以便进行可靠性评估和提高可靠性，应建立失效报告、分析和纠正措施系统（FRACAS），并由可靠性组织（工作组）负责建立和管理FRACAS。

可靠性数据收集的目的为：①利用可靠性数据改进产品设计、制造工艺，提高产品的固有可靠度，并为新技术研究及新产品研制提供信息；②根据现场使用提供的数据，改进产品的维修性，使产品结构合理、维修方便，提高产品可用度；③根据可靠性数据预测系统可靠性与维修性，并开展系统可靠性与维修性设计；④根据可靠性数据进行产品的可靠性分析及可靠性参数评估；⑤验证设备或产品的可靠性。

可靠性数据分为试验数据和现场数据。试验数据一般是质量优良的数据，因为数据的收集者往往是参与试验分析的本人，完全了解试验目的、方法，并亲自到试验中观察、记录数据，所获得的数据准确率高。如果试验条件的制定和方案的实施能较真实的模拟使用中的条件，那么得到的数据将是可靠的。而且由于人为控制其试验条件，对试验中发生的故障现象可以分析得更深入。试验数据来自可靠性寿命试验，也可以来自功能试验、环境试验、定期试验和综合实验。

产品实际使用中得到的数据为现场数据。其中，记录产品开始工作至故障的时间和开始工作至统计时尚未故障的工作时间的数据，是评估使用可靠性参数的重要数据，应特别注意收集。现场数据是极其珍贵的，它反映产品在实际使用环境和维护条件下的可靠性水平。但是，现场数据收集是靠使用和维修人员记录分析得来的，由于管理和人员技术水平等方面的原因，其数据的不准确性也很大。

为了做好使用中的现场数据收集，满足对数据准确性和完整性的要求，下面对铁路信号设备可靠性的现场数据收集的程序和方法，以及应注意的问题进行讨论。

4.1.1 需求分析

对可靠性数据的需求，是根据产品寿命周期内不同阶段对可靠性分析的需要决定。铁路信号设备的现场可靠性数据收集目的和用途有：

①对设备的使用可靠性做出评估，知道当前运用设备的可靠性水平，并作为设备改进和新设备研制可靠性定量要求的依据；

②发现产品设计中的不足和元器件的缺陷，特别是产品使用初期，根据故障信息及时进行纠正，对可靠性的提高有重要作用；

③现场使用中的耗损性故障数据的收集，对确定预防性维修的周期有参考意义。

4.1.2 确定数据收集点

从统计的观点来看，处理的数据多，可以得到精度和可信度均较高的可靠性估计。但是要保证使用中的铁路信号设备可靠性现场数据的准确性和完整性，还是有很大难度的，原因是多方面的。其一，铁路信号设备的使用者和养护维修者隶属于不同的行政单位，故障出现后的责任问题造成不能真实的反映故障现象；其二，由于长期以来，对铁路信号设备缺少定量的可靠性指标，在管理上过多地强调了故障维修者的责任，而忽略了供货方的责任，而使用方和供货方都缺少对故障分析工作的支持和鼓励，因此故障记录数据不准确或不完整；其三，使用和维修人员的技术水平不足，造成故障记录数据不准确或不完整。因此，要满足可靠性数据的要求，需要完善的信息管理体系来保证，包括：领导对铁路信号设备可靠性数据收集分析工作的认识和重视；铁路信号设备使用和养护维修部门的协调配合；建立由技术水平高、责任心强的技术人员组成的可靠性工作组，由工作组人员负责铁路信号可靠性数据收集和分析工作；通过培训提高使用和养护维修人员的技术水平。

不难看出做好铁路信号设备可靠性数据收集和分析工作是需要人力和财力支撑的，数据收集点越多，需要的费用越多。因此，可以根据铁路信号的不同设备，选择各方面条件比较好的电务段进行铁路信号设备可靠性数据的收集工作。

4.1.3 制定数据收集表格

制定数据收集表格是数据收集系统的重要任务，根据需求制定收集内容统一的、规范化的表格，便于可靠性数据的收集和交流。表4-1给出铁路信号设备可靠性数据收集表格的一个建议内容。

表4-1 铁路信号设备可靠性数据收集建议表格内容

序号	内容	说明
1	故障时间	年、月、日、时、分
2	故障地点	如：车站名、区间（分区）名（代码）、控制中心名、机车号等
3	故障系统（子系统）	如：车站联锁、区间闭塞、机车信号、列车运行控制系统车载设备、列车运行控制系统轨旁设备等
4	故障现象	应尽可能的详细填写，包括故障的时机，故障现象，它是故障定位处理和原因分析的基础

续表

序号	内容	说明
5	记录人	
6	故障处理开始时间	年、月、日、时、分
7	故障处理	应尽可能的详细填写，包括故障定位判断、故障处理过程
8	故障设备单元	故障消除后确认的故障单元，如：联锁机、操作表示机、转辙机、信号机、轨道电路发送单元、轨道电路接收单元、机车信号主机、应答器、查询器等
9	故障消除时间	年、月、日、时、分
10	处理故障所用时间	从开始处理故障，到故障消除恢复到工作状态所用时间（分）
11	故障总时间（分）	从处于故障状态开始到恢复工作状态为止总时间（分）
12	故障处理人	
13	故障等级	1类故障：故障造成列车延误 2类故障：故障导致信号系统某些功能丧失，但没有造成列车延误 3类故障：故障没有影响列车运行，也没有导致信号系统某些功能丧失（例如，由于冗余结构的原因），增加了计划外的维修
14	影响列车数	
15	列车延误总时分	
16	故障影响记录人	
17	故障原因分析	应尽可能的详细填写，因为它是提出改进措施的基础。原因要尽量写的具体，特别是那些由于设备性能指标或多种因素造成的故障
18	故障原因分类	硬件设备、软件、原因不明、维修、人为、外界因素
19	改进措施	
20	分析人	

4.1.4 数据收集中应注意的问题

由于铁路信号设备的使用、维修和管理属于不同单位不同部门，因此，数据统计表格中内容信息的获得可能来自多个人员。因此，故障现象、故障处理、故障影响、故障原因分析的记录人员可以是多人。为了获得真实、完整、准确的可靠性数据，应对人员进行培训，明确数据收集的目的和表格的填写方法。但是这种方法参与的人员多，难度较大。因此，数据统计表格可以由一个人填写，如由维修人员填写，由故障信息管理人员进行表格的管理。

现场数据收集，一般应从设备投入运用时开始统计收集。但由于设备的可靠性问题，可能需要进行改进，尤其是设备投入使用的初期，为了评估设备当前的可靠性，在处理数据时，应区分改进前、后的数据。对于已经运用的设备，以前没有进行可靠性数据收集，为了进行设备使用可靠性的评估，也可以从某一时间开始进行数据收集。

4.1.5 可靠性数据收集的基本要求

数据收集的目的是什么，干什么用，如何用，如何评估寿命、基本可靠性、任务可靠性？这些问题都要根据产品寿命周期内不同阶段对可靠性分析的需要决定。

可靠性数据的质和量有以下要求：①真实性，所记录数据必须如实代表产品状况，特别是产品故障的描述；②连续性，为了保证数据具有可追溯性，反映产品可靠性的趋势，其中最主要的是产品在工作过程中所有时间发生时的记录和对所经历过程的描述，如：产品开始工作、发生故障、中止工作的时间及故障时的状况、返厂修理、经过纠正或报废等情况的描述；③完整性，为了充分利用数据对产品进行可靠性评估，对某次故障或维修事件，要尽可能的记录清楚故障产品的使用情况及该产品的历史及送修、报废等。

4.2 可靠性数据分析

从对可靠性评估的角度出发，可靠性数据可以用于：
①确定失效分布（如果还不知道）；
②确定可靠性参数的点估计，平均无故障工作时间（Mean Time Between Failure，MTBF）；
③确定包含参数真值的置信区间。

常用的可靠性数据分析方法有两种：图估计法和统计分析法。本节从定量评估铁路信号可靠性的目的出发，介绍了威布尔分布的图估计方法和指数分布的点估计和区间估计，给出了铁路信号设备可靠性评估的示例。

4.2.1 威布尔分布图估计

第 2 章所讲的各种失效分布函数在直角坐标系中描绘出来都是一些曲线，但是利用非直线方程线性化方法，可以将一些曲线方程经过坐标尺度变换以后在新坐标系中变成一条直线。按分布函数的关系经过变换构成了新的坐标，印有这种新坐标的专用纸，称为概率纸。图估计法的基本思路是利用概率纸，在概率纸上累积失效分布函数能描绘成直线，利用直线的两个参数——斜率和截距，可以确定分布函数的两个参数。图估计法应用简单，并且可以用来确定产品的失效分布。

从第 2 章中已知，威布尔分布根据形状参数选取的不同，可以有不同的分布形式，可以分别作为产品早期、偶然、耗损失效期的模型。因此本小节以威布尔分布来分析图估计的方法。

（1）威布尔概率纸

首先分析威布尔概率纸的构造，即如何将直角坐标系中的威布尔分布函数曲线转换成新坐标下的直线，也就是如何确定新坐标系。

在 $\gamma = 0$ 时威布尔分布的分布函数为式 4-1：

$$F(t) = 1 - e^{-\left(\frac{t}{\eta}\right)^m} \tag{4-1}$$

令尺度参数 $\eta = t_0^{\frac{1}{m}}$，则威布尔分布的另一种形式为式 4-2、式 4-3：

$$F(t) = 1 - e^{-\frac{t^m}{t_0}} \tag{4-2}$$

$$\frac{1}{1-F(t)} = e^{\frac{t^m}{t_0}} \tag{4-3}$$

两边取两次对数，得式 4-4：

$$\ln \ln \frac{1}{1-F(t)} = m \ln t - \ln t_0 \tag{4-4}$$

令

$$y = \ln \ln \frac{1}{1-F(t)}, \quad x = \ln t, \quad B = \ln t_0$$

则式 4-4 可写成式 4-5：

$$y = mx - B \tag{4-5}$$

在上述变换中，存在着下列关系：

$$\left.\begin{array}{l} x = \ln t \\ t = e^x \end{array}\right\} \tag{4-6}$$

$$y = \ln\ln\frac{1}{1-F(t)}$$
$$F(t) = 1 - e^{-e^y}$$
（4-7）

制作一种特殊的坐标纸，选取 $x-y$ 坐标系，它们是普通的等刻度直角坐标系。根据式 4-6 和式 4-7 的关系，在 x 轴上把和 x 对应的 t 刻在 x 的旁边；在 y 轴上把和 y 对应 $F(t)$ 刻在 y 的旁边。于是，$x-y$ 坐标系外，还有一个对应的 $t-F(t)$ 的坐标系，这是一张特殊的坐标纸，如图 4-1 所示。

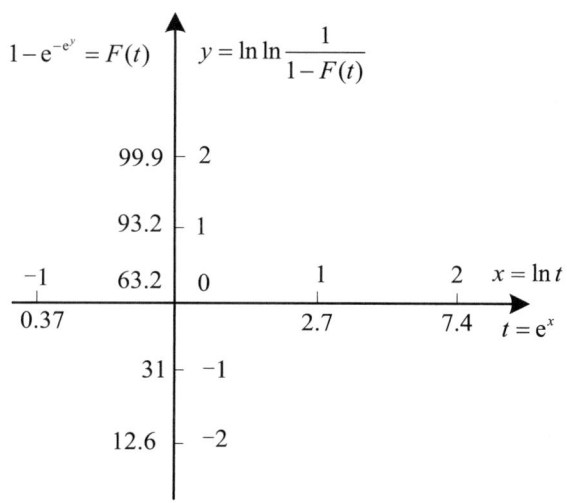

图 4-1　威布尔分布的坐标变换

（2）经验分布函数

概率纸中的 $F(t)$ 是失效分布函数，即故障累计分布函数，下面分析如何根据故障数据来描述 $F(t)$。

根据故障数据，可以用故障数的相对百分比来描述累积故障，称作经验分布函数，记作 $F_n(t)$：

$$F_n(t) = \frac{r(t)}{n}$$
（4-8）

式中：$r(t)$——产品到时刻 t 的累积故障数；n——样本容量，即参加试验或观测的产品数。

将其归结为一般形式，定义如下：将一组样本观测值，按其大小顺序排列为：

$$t_1 \leqslant t_2 \leqslant \cdots \leqslant t_i \leqslant \cdots t_n$$

下标 i 表示其排列的顺序号，定义经验分布函数为式 4-9：

$$F_n(t) = \begin{cases} 0 & \text{当 } t < t_1 \\ i/n & \text{当 } t_i \leqslant t < t_{i+1} (i=1,2,\cdots,n-1) \\ 1 & \text{当 } t \geqslant t_n \end{cases} \quad (4-9)$$

当样本容量足够大时，经验分布函数和理论的分布函数之间只有很小的差别，数理统计学中可证明式 4-10 成立：

$$P\left\{\lim_{x \to \infty} F_n(t) = F(t)\right\} = 1 \quad (4-10)$$

实践证明，当 n 较小时式 4-9 有较大误差，为了减少误差，在小样本情况 ($n \leqslant 20$) 下，常用平均秩和中位秩计算累积故障百分比。

平均秩公式如式 4-11 所示：

$$F_n(t_i) = \frac{i}{n+1} \quad (4-11)$$

近似中位秩公式如式 4-12 所示：

$$F_n(t_i) = \frac{i-0.3}{n+0.4} \quad (4-12)$$

平均秩用于对称分布，如正态分布；中位秩用于非对称分布，如威布尔分布。表 4-2 是从 20 个受试产品收集到的故障数据的经验分布函数。

表4-2　20个产品故障数据

序号	故障时间/h	$F_n(t)$/%	平均秩/%	中位秩/%	序号	故障时间/h	$F_n(t)$/%	平均秩/%	中位秩/%
1	92	5	4.76	3.41	11	640	55	52.38	52.45
2	130	10	9.52	8.31	12	700	60	57.14	57.36
3	233	15	14.29	13.22	13	710	65	61.90	62.26
4	260	20	19.05	18.12	14	770	70	66.67	67.17
5	320	25	23.81	23.02	15	830	75	71.43	72.07
6	325	30	28.57	27.93	16	1010	80	76.19	76.98
7	420	35	33.33	32.83	17	1 020	85	80.95	81.88
8	430	40	38.10	37.74	18	1 280	90	85.71	86.78
9	465	45	42.86	42.64	19	1 330	95	90.48	91.69
10	518	50	47.62	47.55	20	1 690	100	95.24	96.59

（3）威布尔分布图估计

上面已经分析了威布尔概率纸的构成和经验分布函数 $F_n(t)$，下面分析图估计的方法步骤：

①描点。以数据 $(t_i, F_n(t_i))$ 在概率纸上描点。

②配置直线。如果产品故障累积分布服从威布尔分布，并且有 $\gamma=0$，那么这些点就会大致排列在一条直线附近，因而可根据这些数据点配成一条直线。凭目力配置直线时，应使直线两边的点数大致相等，特别是 $F(t)$ 值在 0.3～0.7 范围内各点的偏差要尽可能地小。

③参数估计。形状参数 m 的估计。在威布尔概率纸上有一个 $x=1, y=0$ 的点，图上画有一个圆点，此点称为 m 的估计点，简称 M 点。过 M 点作直线 $y=mx-B$ 的平行线，则该平行线满足两个条件：首先，平行线的斜率与所配直线斜率是一致的，都为 m；其次，所作的平行线过 $x=1, y=0$。由此，所作平行线的方程表示为式 4–13：

$$y = m(x-1) \tag{4-13}$$

由式 4–13 可知，当 $x=0$，时，$y=-m$。因此，平行线与 y 轴的交点的刻度的绝对值就是形状参数 m 的估计值。

综上所述，估计参数 m 的具体做法是：过 $M(1,0)$ 点作所配直线的平行线与 y 轴相交，过交点右引水平线和 y 尺相交，交点刻度的绝对值就是形状参数 m 的估计值 $\hat{m}$，如图 4–2 所示。

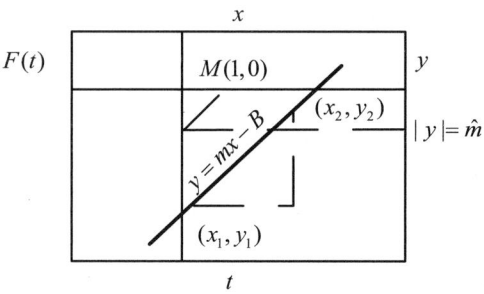

图 4–2　形状参数 m 的估计

另外，也可在所配直线上任选两点 (x_1, y_1) 和 (x_2, y_2)，由下式计算 m 的估计值式 4–14：

$$\hat{m} = \frac{y_2 - y_1}{x_2 - x_1} \tag{4-14}$$

尺度参数 η 的估计。设直线 $y = mx - B$ 和 x 轴的交点为 $(a,0)$ 点，代入方程有式 4-15：

$$0 = ma - B \qquad (4-15)$$

从而得 $ma = B$ 又因 $B = \ln t_0$ 所以得式 4-16：

$$t_0 = e^B = e^{ma} \qquad (4-16)$$

因为 $\eta = t_0^{\frac{1}{m}}$ 所以得式 4-17：

$$\eta = e^{\frac{m}{m}} = e^{a} \qquad (4-17)$$

由于 t 尺与 x 尺有一一对应的关系，所以与 x 轴的 a 点相对应的 t 轴上的刻度就是尺度参数 η 的估计值。

综上所述，估计参数 η 的具体做法是：从所配直线和 x 轴的交点向下引垂线和 t 轴相交，垂足的刻度就是尺度参数 η 的估计值，如图 4-3 所示。

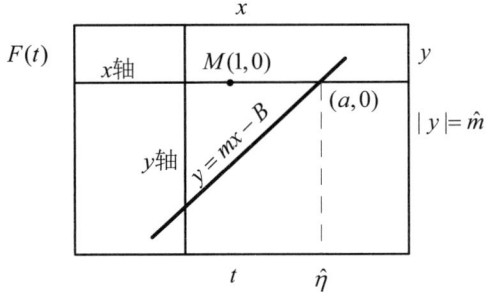

图 4-3　尺度参数 η 的估计

例：以表 4-2 中某产品 20 个样本的故障数据，利用图估计法求威布尔分布形状参数 m 和尺度参数 η。

解：按照前面所述的图估计法的步骤，以数据 $(t_i, F(t_i))$ 在威布尔概率纸上描点，然后根据所描的点配成直线，如图 4-4 所示。

威布尔分布形状参数 m 和尺度参数 η 的估计可以用双对数纸（或专用威布尔概率纸），图 4-4 是双对数纸，在坐标纸的上方没有标出 $x(x = \ln t)$ 尺的刻度，右边也没有标出 y 尺的刻度。用中位秩作为累积故障分布 $F(t_i)$ 值，在双对数纸上配对标出故障时间和中位秩，画一条与数据拟合最佳的直线。

威布尔分布形状参数 m 用式 4-14 计算估计：

$$\hat{m} = \frac{y_2 - y_1}{x_2 - x_1}$$

双对数纸上没有 x，y 坐标的刻度，可用下式估计：

$$\hat{m} = \frac{y_2 - y_1}{x_2 - x_1} = \frac{\ln\ln\dfrac{1}{1-F(t_2)} - \ln\ln\dfrac{1}{1-F(t_1)}}{\ln t_2 - \ln t_1}$$

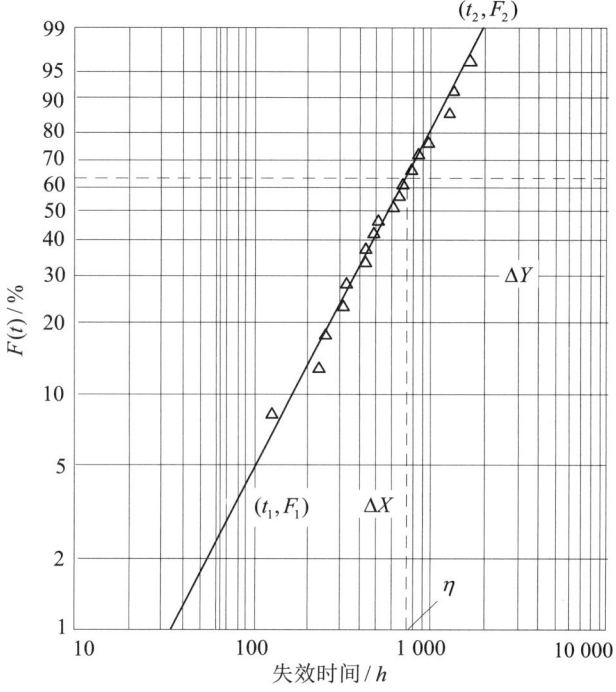

图 4-4　威布尔分布图估计

$$\hat{m} = \frac{\ln\ln\dfrac{1}{1-0.99} - \ln\ln\dfrac{1}{1-0.05}}{\ln 2000 - \ln 105} = 1.53$$

尺度参数 η 估计值计算，从所配直线与 x 轴（图中横虚线）的交点，向下做垂线（图中纵虚线），故障时间 t 坐标值就是 η 估计值，$\eta = 739.41\,\mathrm{h}$。

从图中可直接得出某时刻的可靠度，如 $t = 1\,000\,\mathrm{h}$，通过横坐标 $t = 1\,000\,\mathrm{h}$ 画垂线与所配直线交点的横坐标得出 $F(t) = 80\%$，$R(t) = 1 - F(t) = 20\%$。

4.2.2　指数分布点估计

可靠性数据的统计分析法，就是用数理统计的理论，根据产品样本的故障数据推断产品总体可靠性参数，如 MTBF、可靠度、失效率等。

在产品寿命分布类型已知的情况下，统计分析的主要任务就是根据样本的观测值估计总体分布参数，只有估计出这些参数，才有可能对产品的可靠性进行分析和评估。根据样本观测值估计总体参数值,称为参数估计。

由于电子技术、计算机技术、控制技术、通信技术、网络技术在铁路信号设备中的应用,因此,铁路信号产品中大量的是电子产品,而电子产品的寿命分布为指数分布。

本小节分析指数分布参数点估计的方法。点估计的目的是通过样本观测值对未知参数给出接近真值的一个估计数值。

(1)可靠性截尾试验

可靠性参数估计,就是根据可靠性试验中样本的试验数据——故障数据对未知参数进行估计。可靠性试验属于破坏性试验,即试验到样品出现故障为止。按试验结束时间分类,可靠性试验可分为完全寿命试验和截尾试验。在试验中全部样品都发生故障,称为完全寿命试验;在试验中参加试验的样品只有部分故障,称为截尾试验。可靠性试验以截尾试验为主。

截尾试验分为定时截尾试验、定数截尾试验和随机截尾试验。定时截尾和定数截尾试验中,根据样品有无更换又分为:有替换定时截尾和定数截尾试验及无替换定时截尾和定数截尾试验。可靠性试验按结束时间分类如表4-3所示。

表4-3 可靠性试验按结束时间分类表

分类		说明
完全寿命试验		试验中全部样品都故障时,终止试验
定时截尾试验	有替换	试验前规定样品的试验时间 t_0,试验进行到规定的试验时间 t_0 就终止试验。试验中样品故障一个就用一个好的样品替换上去继续试验,直到规定的试验时间 t_0 终止试验。试验中自始至终保持试验样品数不变
	无替换	试验前规定样品的试验时间 t_0,试验进行到规定的试验时间 t_0 就终止试验。试验中样品故障一个就将故障样品撤下不再补充,剩余的样品继续试验,直到规定的试验时间 t_0 终止试验
定数截尾试验	有替换	试验前规定样品的故障数 r,试验进行到出现的故障数达到规定故障数 r 就终止试验。试验中样品故障一个就用一个好的样品替换上去继续试验,直到出现的故障数达到规定故障数 r 终止试验。试验中自始至终保持试验样品数不变
	无替换	试验前规定样品的故障数 r,试验进行到出现的故障数达到规定故障数 r 就终止试验。试验中样品故障一个就将故障样品撤下不再补充,剩余的样品继续试验,直到出现的故障数达到规定故障数 r 终止试验
随机截尾试验		产品在进行试验时,由于某种原因,试验样本在没有到试验终止前中途撤离了试验,撤离的试验样本也未出现故障

（2）极大似然估计

极大似然估计（Maximum Likelihood Estimation，MLE）是一种重要的估计方法，它基本思想是：由于样本来自总体，因此在一定程度上能反映总体的特征。如果在一次试验中得到了样本观测值$t_1,t_2,\ldots,t_n$，那么可以说，既然在一次试验中发生了这件事，这件事发生的概率就很大。总体的待估参数为θ，它可以取很多的值，在θ的一切可能值之中，选出一个使样本观测值结果出现概率最大的值作为θ的估计，记为$\hat{\theta}$，并称$\hat{\theta}$为θ的极大似然估计。

对于总体分布为连续型的情况，设总体分布的密度函数为$f(t;\theta)$，其中θ为待估参数，从总体中得到一组样本，其观测值$t_1,t_2,\cdots,t_n$。由于分布是连续型的，故随机变量取任何指定值的概率为零，为了获得似然估计，考虑样本X_i落在$(t_i;t_i+\mathrm{d}t_i)$的概率，所以这一事件的概率近似为$f(t_i;\theta)\mathrm{d}t_i, i=1,2,\cdots,n$。从而样本观测值出现的概率近似为式4-18：

$$\prod_{i=1}^{n} f(t_i;\theta)\mathrm{d}t_i = \left[\prod_{i=1}^{n} f(t_i;\theta)\right]\mathrm{d}t_1\mathrm{d}t_2\cdots\mathrm{d}t_n \qquad (4-18)$$

可以把$\mathrm{d}t_1,\mathrm{d}t_2,\cdots\mathrm{d}t_n$看作是固定的，因此要使观测值出现的概率最大，只要满足式4-19：

$$L(\theta) = \prod_{i=1}^{n} f(t_i;\theta) \qquad (4-19)$$

达到最大即可。式（4-19）称为θ的似然函数。对其求极值，得到参数θ的估计值。由于$L(\theta)$和$\ln L(\theta)$同时取极值，可得似然方程或对数似然方程如式4-20，式4-21所示：

$$\frac{\mathrm{d}L(\theta)}{\mathrm{d}\theta} = 0 \qquad (4-20)$$

$$\frac{\mathrm{d}\ln L(\theta)}{\mathrm{d}\theta} = 0 \qquad (4-21)$$

解此方程，求得的极大似然估计的估计值$\hat{\theta}$。

（3）指数分布点估计

对于完全修复的产品，因修复后的状态与新产品一样。因此，可以认为平均故障间隔时间 MTBF 与平均寿命θ相等。故可以用表4-4的公式，求指数分布产品的 MTBF 的点估计。

表4-4 指数分布参数 θ 的点估计计算公式

试验样本		总试验时间（T）	参数点估计（$\hat{\theta}$）
完全寿命试验 $n=r$		$\sum_{i=1}^{n} t_i$	$\dfrac{T}{r}$
定数截尾试验 截尾故障数 r 截尾时间 t_r	无替换	$\sum_{i=1}^{r} t_i + (n-r)t_r$	
	有替换	nt_r	
定时截尾试验 截尾时间 t_0 故障数 r	无替换	$\sum_{i=1}^{r} t_i + (n-r)t_0$	
	有替换	nt_0	

4.2.3 指数分布区间估计

前面讨论了寿命为指数分布产品可靠性参数点估计的方法。在点估计中给出的是参数的一个估计数值，不同的样本给出的点估计值是不同的，同一样本不同的点估计量得到的点估计值也不同，它是一个随机变量。对于实际应用，感兴趣的是点估计值的准确度和对它附加的置信度。随着样本的增加统计估计越容易逼近真值，只有当样本无限大时，才会有100%的把握确信参数测量值与其真值一致，然而这是不可能的。所以，对于任何实际情况，必须给出一个估计的区间，并通过有限的样本量知道参数真值处在区间内的概率。参数的区间估计，就是通过样本观测值给出未知参数真值所处的一个估计的区间，以及处在该区间的概率。

（1）置信度和置信区间

参数区间估计所给出的区间是在一定置信水平要求下的区间，称为置信区间，区间的上、下限分别称为置信上限和置信下限。可以用式4-22表示：

$$P(\theta_L \leqslant \theta \leqslant \theta_U) = 1 - \alpha \tag{4-22}$$

式中，$1-\alpha$ 称为置信水平或置信度，θ_U 和 θ_L 分别为置信上、下限。该式表示置信区间包含参数真值的概率为 $1-\alpha$，显然 α 为不包含真值的概率，称为显著性水平，$1-\alpha$ 是事先给定的，一般取0.95，0.9等。

式4-22表示 θ 的双侧 $(1-\alpha)$ 置信区间，当区间满足式4-23和式4-24时：

$$P(\theta \leqslant \theta_U) = 1 - \alpha \tag{4-23}$$

$$P(\theta \geqslant \theta_L) = 1 - \alpha \qquad (4-24)$$

则表示从 θ 的最小可能值至 θ_U 或从 θ_L 至 θ 的最大可能值之间的区间，称为 θ 的单侧 $1-\alpha$ 置信区间，θ_U 或 θ_L 分别称为单侧置信上限或单侧置信下限。

求未知参数 θ 区间估计的一般方法是：寻找一个合适的统计量 $H = f(\theta)$，该量与 θ 有关，找出其分布，其分布不含有未知参数 θ。通常这个分布都是常见的分布，如 χ^2 分布，如图 4-5 所示，其表达式如式 4-25 所示：

$$P(H_a \leqslant H \leqslant H_b) = 1 - \alpha \qquad (4-25)$$

通过参数 θ 与统计量 H 的关系，得到未知参数 θ 区间估计，如式 4-26 所示：

$$P(\theta_L \leqslant \theta \leqslant \theta_U) = 1 - \alpha \qquad (4-26)$$

置信度越高，即 $1-\alpha$ 越大，区间包含真值可能性越大，当然希望 $1-\alpha$ 大，但这时相应的区间也大，参数 θ 估计的准确度就会低。在一定样本量时，区间大置信度高，为了准确度和置信度都高，唯一的办法是增加样本容量。

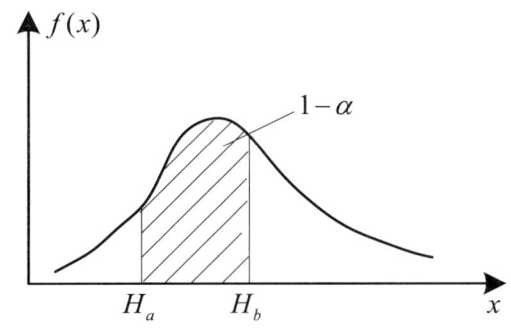

图 4-5 统计量 H 的分布

（2）指数分布区间估计

定数截尾试验：设产品寿命服从指数分布，其密度函数为式 4-27：

$$f(t, \theta) = \frac{1}{\theta} e^{-\frac{t}{\theta}} \qquad (4-27)$$

现抽取 n 个样本进行定数截尾试验，得到 r 个故障数据，顺序为式 4-28：

$$t_1 \leqslant t_2 \leqslant \cdots \leqslant t_r \qquad (4-28)$$

为寻求 θ 的区间估计，所找到与 θ 有关的合适的统计量为式 4-29：

$$H = \frac{2T}{\theta} \qquad (4-29)$$

其中，T 为样本的总试验时间，对于无替换试验为式 4-30：

$$T = \sum_{i=1}^{r} t_i + (n-r)t_r \qquad (4\text{-}30)$$

统计量 $H = \dfrac{2T}{\theta}$ 服从自由度为 $2r$ 的 χ^2 分布。

自由度为 n 的 χ^2 分布的分布密度函数为式 4-31 和式 4-32：

$$f(x) = \begin{cases} \dfrac{1}{2^{\frac{n}{2}} \Gamma\left(\dfrac{n}{2}\right)} x^{\frac{n}{2}-1} \mathrm{e}^{-\frac{x}{2}} & x > 0 \\ 0 & x \leqslant 0 \end{cases} \qquad (4\text{-}31)$$

$$P\left(x \geqslant \chi^2_{n,\alpha}\right) = \int_{\chi^2_{n,\varepsilon}}^{\infty} f(x)\mathrm{d}x = \alpha \qquad (4\text{-}32)$$

式中：$\chi^2_{n,\alpha}$ 为 χ^2 分布的区间估计，如图 4-7 所示。卡方分布的上侧分位点，如图 4-6 所示。为了便于应用，χ^2 分布表给出了自由度 n、概率 α 和上侧分位点 $\chi^2_{n,\alpha}$ 之间相对应的数值。

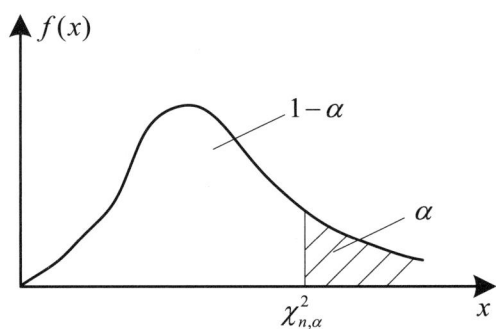

图 4-6　χ^2 分布上侧分位点

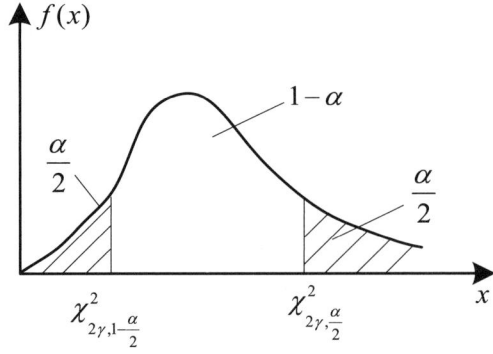

图 4-7　区间估计

由此可得 θ 的置信下限、置信上限为式 4-33：

$$\left.\begin{array}{l}\theta_{\mathrm{L}}=\dfrac{2T}{\chi^2_{2r,\frac{\alpha}{2}}}\\[2mm]\theta_{\mathrm{U}}=\dfrac{2T}{\chi^2_{2r,1-\frac{\alpha}{2}}}\end{array}\right\} \quad (4-33)$$

式中：样品总试验时间 T 为式 4-34：

$$T=\sum_{i=1}^{r}t_i+(n-r)t_r \quad (4-34)$$

其他几种情况就不依依例举，表 4-5 给出了指数分布区间估计平均寿命 θ（或生故障时进行修理或替换的 MTBF）的计算公式。

表4-5 指数分布参数MTBF的区间估计计算公式

试验样本		总试验时间 /T	参数区间估计 /$\hat{\theta}$ 或（$\widehat{MTBF}$）	
			单侧下限	双侧（下限，上限）
定数截尾试验 截尾故障数 r 截尾时间 t_r	无替换	$\sum_{i=1}^{r}t_i+(n-r)t_r$	$\theta_L=\dfrac{2T}{\chi^2_{2r,\alpha}}$	$\theta_L=\dfrac{2T}{\chi^2_{2r,\frac{\alpha}{2}}}, \theta_U=\dfrac{2T}{\chi^2_{2r,1-\frac{\alpha}{2}}}$
	有替换	nt_r		
定时截尾试验 截尾时间 t_0 故障数 r	无替换	$\sum_{i=1}^{r}t_i+(n-r)t_0$	$\theta_L=\dfrac{2T}{\chi^2_{2r+2,\alpha}}$	$\theta_L=\dfrac{2T}{\chi^2_{2r+2,\frac{\alpha}{2}}}, \theta_U=\dfrac{2T}{\chi^2_{2r,1-\frac{\alpha}{2}}}$
	有替换	nt_0		

4.2.4 铁路信号设备可靠性评估示例

可靠性评估就是确定可靠性的量值，依据试验数据或使用数据进行评估，确定可靠性量值的试验称为可靠性测定试验。

铁路信号设备的可靠性可以用指数分布参数估计的方法进行评估。铁路信号设备可靠性的参数一般用平均故障间隔时间（MTBF）表示，用区间估计 MTBF 的单侧置信下限作为可靠性评估的量值，下面举例说明。

例：在某区段进行自动闭塞设备试验，该区段共有 40 个闭塞分区，即需要有 40 套自动闭塞轨道电路设备。试验进行了 180 天，试验期间轨道电路发送设备共发生 3 次故障，故障后及时进行了更换，根据试验结果对轨道电路发送设备可靠性进行评估。

分析：评估该轨道电路发送设备可靠性的参数选用 MTBF，用一定置信度下的 MTBF 的单侧置信下限作为评估值，取置信度为 90%。根据试验结果对轨道电路发送设备可靠性进行评估，实际上变成根据试验数据求置信度为 90% 时该轨道电路发送设备 MTBF 的单侧置信下限。试验进行了 180 天，轨道电路发送设备共发生 3 次故障，故障后及时进行了更换，则此试验是一个有替换的定时截尾试验。

解：可根据有替换的定时截尾试验，指数分布平均寿命单侧置信下限公式：

$$\theta_L = \frac{2T}{\chi^2_{2r+2,\alpha}}, T = nt_0$$

求轨道电路发送设备 MTBF 的单侧置信下限。

根据试验数据得：

$$2T = 2nt_0 = 2 \times 40 \times 180 \times 24 = 345\,600 \text{ h}$$

$$\chi^2_{2r+2,\alpha} = \chi^2_{2\times3+2,1-0.9} = \chi^2_{8,0.1}$$

通过查询卡方分布得 $\chi^2_{8,0.1} = 13.36$。

所以 $\widehat{\text{MTBF}}_L = \dfrac{345\,600}{13.36} = 2.586\,8 \times 10^4 \text{ h}$。

结果表明，根据试验的数据，该轨道电路发送设备 MTBF 不低于 $2.586\,8 \times 10^4$ h 的可信程度为 90%，如果用单侧置信下限来评估 MTBF，可以说该轨道电路发送设备置信度为 90% 时，MTBF$=2.586\,8 \times 10^4$ h。

根据例中数据，表 4-6 给出了点估计和不同置信度的单侧置信下限的值。

表4-6 点估计和不同置信度的单侧置信下限的值

点估计	单侧置信下限					
$\widehat{\text{MTBF}}_L = \dfrac{nt_0}{r}$（$10^4$h）	$\widehat{\text{MTBF}}_L = \dfrac{2nt_0}{\chi^2_{2r+2,\alpha}}$					
5.7600	$1-\alpha$	50%	70%	90%	95%	99%
	$\chi^2_{2r+2,\alpha}$	7.34	9.52	13.36	15.51	20.09
	$\widehat{\text{MTBF}}_L(10^4\text{h})$	4.708 4	3.630 3	2.586 8	2.228 2	1.720 3

从表 4-6 可以看出置信度不同，估计值不同。因此对铁路信号设备评估时，

置信度应一致,一般置信度取 90%、95%。

对于已经在现场中应用的铁路信号设备,同样可以用单侧置信下限估计的方法,对设备的 MTBF 进行评估。

4.3 可靠性数据验证

可靠性验证的目的是确定产品是否符合规定的可靠性要求,以便作为鉴定或接收的依据。可靠性验证试验包括可靠性鉴定试验和可靠性验收试验,它们都是统计试验。可靠性鉴定试验一般用于定型鉴定,是生产前的试验,为生产决策提供信息。可靠性验收试验,是在产品转入批量生产后,为保证产品的可靠性进行的批量生产的验收试验。可靠性验证试验采用的是抽样检验的方法,本节介绍一次计数抽样检验、指数分布平均寿命抽样检验方法,讨论铁路信号设备可靠性定量要求的参数、指标和验证方案。

4.3.1 一次计数抽样检验

(1) 一次计数抽样检验框图

设有一批产品,批量为 N,其产品的不合格品率 p 不超过给定的 p_0,则认为这批产品合格,否则就认为这批产品不合格。采用一次计数抽样检验方案,就是从这批产品中抽取一个容量为 n 的子样,经检验后由这个子样的不合格品数决定这批产品是否合格。对此种抽样检验问题来说,关键是要确定抽检量 n,及合格判定数 c。这两个量定了,抽样方案也就定了,其抽样检验过程如图 4-8 所示。

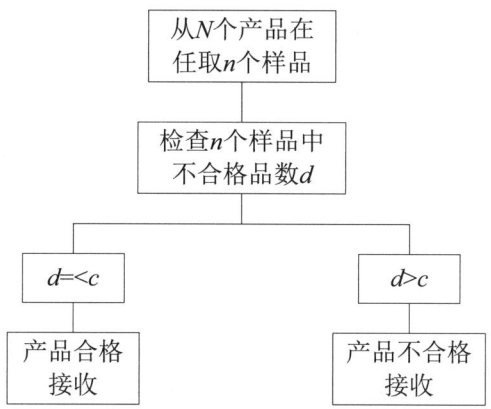

图 4-8 一次计数抽样检验过程方框图

可见制订一个一次计数抽样检验方案，就是要确定n,c，所以一次计数抽样检验方案又称(n,c)方案，有时也把批量N写上，记作$(N;n,c)$。

（2）两类错误和风险

根据什么原则来确定抽样检验方案的n,c呢？由于抽样检验是检查一部分样品质量来判断整批质量状态，所以要求这种判断犯的错误尽量少一些。在抽样检验中可能犯下述两类错误。

①将合格产品批判为不合格产品批，称为犯第一类错误。由于抽样的原因，把合格的产品批误判为不合格的产品批而拒收，从而导致生产方受到损失。所以犯第一类错误又称为生产方风险，一般用α表示。

②将不合格产品批判为合格产品批，称为犯第二类错误。由于抽样的原因，把不合格的产品批误判为合格的产品批而接收，从而导致使用方受到损失。所以犯第二类错误又称为使用方风险，一般用β表示。

理想的抽检方案是要求生产方风险α和使用方风险β全为零，但是这种方案是不存在的。在实际工作中常常是生产方和使用方协商，讨论出一个双方愿意承担的风险α,β作为制订抽检方案的依据。

（3）接收概率与抽样特性曲线

为了分析一次抽样检验方案$(N;n,c)$与两类风险α,β的关系，必须计算抽检方案的接收概率。

设从N个产品中任意抽出n个样品，经检查发现其中有d个不合格，按一次抽检方案的判断准则，则当d不超过判定数c时就接收这批产品，所以$d\leqslant c$的概率为式4-35：

$$P(d\leqslant c) \qquad (4-35)$$

该概率称为接收概率。这个概率一般与这批产品的实际不合格品率p有关，接收概率$P(d\leq c)$是p的减函数，记作式4-36：

$$L(p)=P(d\leq c;p) \qquad (4-36)$$

特别当产品的不合格品率$p=0$的时，接收概率为$L(0)=1$。函数$L(p)$在抽样检验中称为抽样检验特性函数，简称OC函数，在以p为横坐标，$L(p)$为纵坐标的坐标平面上，$L(p)$所对应的曲线称为抽样特性曲线，简称OC曲线，如图4-9所示。一个抽样方案有一条抽样特性OC曲线，不同的抽样方案有不同的抽样特性OC曲线。

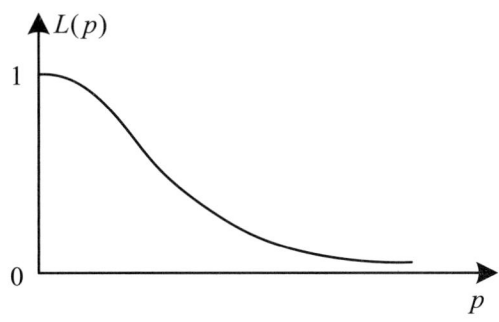

图 4-9 抽样特性曲线

例：求抽样方案（20;1,0）的抽样特性曲线。

解：设这批产品的不合格品率为 p，批中的不合格品数为 D，则 $D=N\cdot p=20p$。抽检方案（20;1,0）抽样特性函数为：

$$L(p)=P(d\leqslant c;p)=P(d=0;D)=\frac{20-D}{20}=1-\frac{D}{20}\quad D=0,1,2,\cdots,20$$

其抽样特性曲线是一条直线，如图 4-10 所示。

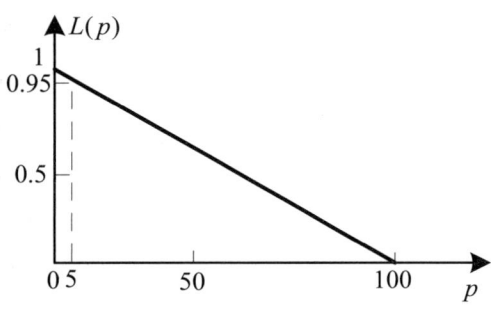

图 4-10 （20;1,0）抽样特性曲线

有了抽样特性曲线的概念，可以对抽样方案进行评价，如对抽样方案（20;1,0），可用抽样特性曲线对其进行分析。如果生产方和使用方协商规定：当产品批不合格品率 $p<0.05$ 时，产品是合格的，接收这批产品；当产品批不合格品率 $p>0.05$ 时，产品是不合格的，拒收这批产品。由图 4-10 抽样特性曲线可知：

①当 $p>0.05$ 时，$L(p)>0.95$；

②当 $p>0.05$ 时，$L(p)<0.95$。

因而，在 $p\leqslant 0.05$ 时，合格产品批被误判为不合格产品批（生产方风险）。

而在 $p>0.05$ 时，不合格产品批被误判为合格产品批 $\alpha=1-L(p)>0.05$（使用方风险）满足的条件：

$$\beta = L(p) < 0.95$$

可见这个方案能够满足生产方的要求，但对使用方不利，使用方的利益得不到保证。即使使用方把要求降低，规定产品批不合格品率 $p \leqslant 0.10$ 时，接收这批产品；当产品批不合格品率 $p > 0.10$ 时才拒收这批产品，这时使用方风险 β 的最大值仍为 0.90，没有降低多少，所以这个抽检方案（20;1,0）不是一个好的验收方案。

从上述讨论中可以看到，假如生产方和使用方协商规定一个不合格品率 p_0 作为判定产品批是否合格的标准，总会导致使用方风险 β 太大，使用方难以接受；或者生产方风险 α 太大，生产方难以接受，如图 4-11 所示。

综上所述，要得到一个好的抽检方案 (n,c)，首先由生产方和使用方协商确定四个参数 α、β、p_0、p_1，然后要构造一个抽检方案 (n,c)，使得此抽检方案的特性曲线通过 A、B 两点，见图 4-12。

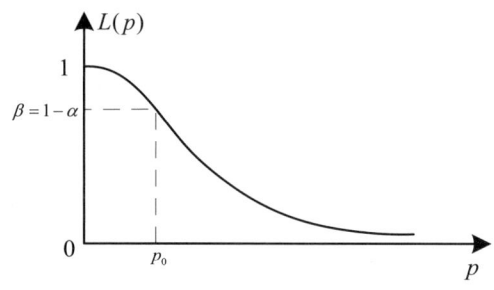

图 4-11　α、β、p_0 关系

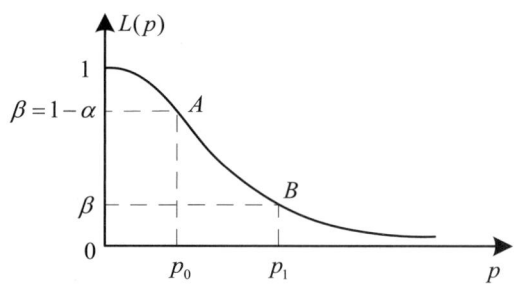

图 4-12　(n,c) 方案的特性曲线

根据上面分析，制订一个抽检方案 (n,c)，可以归结为在给定 α、β、p_0、p_1 下，求满足方程组得 (n,c) 为式 4-37：

$$\begin{cases} L(p_0) = 1 - \alpha \\ L(p_1) = \beta \end{cases} \quad (4\text{-}37)$$

（4）抽样特性函数计算

不同的抽检方案$(N;n,c)$有不同的抽样特性函数$L(p)$，而制订一个抽检方案，关键是要计算抽样特性函数$L(p)$，下面将在给定抽检方案$(N;n,c)$下，讨论抽样特性函数$L(p)$的各种计算方法。

①用超几何分布计算$L(p)$。

由于产品的批量为N，不合格品率为p，所以此批产品中不合格品的总数$D=N\cdot p$，则由超几何分布知n个产品中不合格品个数$X=d$的概率为式4-38：

$$P(X=d) = \frac{C_D^d C_{N-D}^{n-d}}{C_N^n} \quad d=0,1,2,\cdots,\min(n,D) \quad (4\text{-}38)$$

因而对抽检方案$(N;n,c)$有式4-39：

$$L(p) = P(X \leqslant c) = P(X=0) + P(X=1) + \cdots + P(X=c)$$
$$= \sum_{d=0}^{c} \frac{C_D^d C_{N-D}^{n-d}}{C_N^n} \quad (4\text{-}39)$$

②用二项分布计算$L(p)$。

当N很大，而n相对较小时，不返回抽样可以近似看成返回抽样，超几何分布可以用二项分布近似计算，从而可以用二项分布计算$L(p)$，如式4-40所示：

$$L(p) = P(x \leqslant c) = \sum_{d=0}^{c} C_n^d p^d (1-p)^{n-d} \quad (4\text{-}40)$$

（5）一次计数抽样检验方案的分类

前面提到，为制订一个抽检方案(n,c)，首先需要双方协商定出α、β、p_0、p_1四个参数，依据式4-41：

$$\begin{cases} L(p_0) = 1-\alpha \\ L(p_1) = \beta \end{cases} \quad (4\text{-}41)$$

来确定抽检量n和合格判定数c，这样的抽检方案称为标准型抽检方案。对应这种抽检方案的抽样特性曲线通过A、B两点。

当生产稳定和产品质量能保持在一定水平时，通常产品的真实不合格品率不会下降到极限质量水平。因此，对连续批的检验可降低要求，只需要求抽检方案的抽样特性曲线通过A点（如图4-13所示）即可，即由给定的α、p_0根据式4-42：

$$L(p_0) = 1-\alpha \quad (4\text{-}42)$$

确定抽检量n和合格判定数c，这样的抽检方案称为AQL抽检方案。

使用单位认为抽检方案首先应满足使用方的要求，关心的是极限不合格品率 p_1 和使用方风险 β，为了保证使用方利益，只要求抽检方案的抽样特性曲线通过 B 点，即根据式 4-43：

$$L(p_1) = \beta \tag{4-43}$$

确定抽检量 n 和合格判定数 c，这样的抽检方案称为 LQ 抽检方案。这种抽检方案适用于小批量试验性生产、孤立批、产品的鉴定检验等。

4.3.2 指数分布的平均寿命抽样检验

（1）抽检规则

从一批产品中任意取 n 个样品进行定时截尾试验，试验截止时间为 t，如果试验中共发生故障 r 个，则规定：

① 当 $r \leqslant c$ 时，认为产品平均寿命符合要求，接收这批产品；

② 当 $r > c$ 时，认为产品平均寿命不符合要求，拒收这批产品。

与计数抽样检验方案一样，n 称为抽检量，c 为合格判定数，而对于定时截尾试验下的平均寿命抽检方案，尚需确定一个试验截止时间 t。

（2）抽检方案的制订

为制订平均寿命的抽检方案，需考虑生产方风险 α 和使用方风险 β，已有现成的定时截尾试验抽检方案表，本书没有列出，需要时可查阅国家标准：GB/T 5080.7—1986《设备可靠性试验恒定失效率假设下的失效率和平均无故障时间的验证试验方案》。

从产品的使用角度出发，为了保证使用方利益，抽检方案需满足式 4-44：

$$L(\theta_1) = \beta \tag{4-44}$$

即式 4-45：

$$\frac{2T}{\theta_1} = \chi^2_{2c+2,\beta} \tag{4-45}$$

利用 χ^2 分布表，可解出 T 和 c。再根据 $T = nt$ 及生产具体情况，确定抽检量 n 及试验截止时间 t。在铁路信号设备的可靠性试验验证中可采用这种方法，确定抽检方案，指数分布的平均寿命抽样特性曲线如图 4-13 所示。

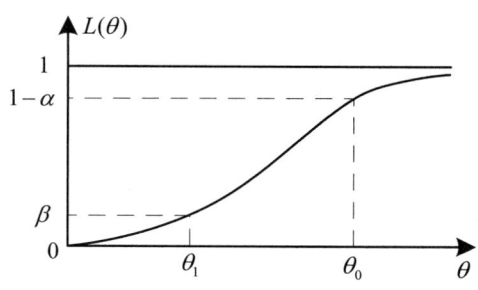

图 4-13　平均寿命抽样特性曲线

4.3.3 铁路信号设备可靠性验证

可靠性是铁路信号设备的重要指标，它直接关系着铁路运输的效率和安全。因此，对新的铁路信号设备在鉴定或接收时一定要做好可靠性验证工作。可靠性验证的唯一目的是确定产品是否符合规定的可靠性要求，以便作为鉴定或接收的依据。因此，设备可靠性验证和可靠性的定量要求是密不可分的。为了做好铁路信号设备的可靠性验证，首先需要做好铁路信号设备的定量要求工作，可靠性定量要求应包括以下内容：①可靠性参数、指标；②环境和使用条件；③故障判据；④验证方法。

在我国铁路信号设备的标准中，信号设备的工作环境和使用条件都有明确的规定。信号设备的故障判据根据设备的功能和性能参数也可以确定，本节重点对铁路信号设备可靠性定量要求中的可靠性参数、指标以及验证方法进行讨论。

（1）铁路信号设备可靠性参数

①任务可靠性和基本可靠性。本书已讲述了任务可靠性和基本可靠性的概念，其中任务可靠性是设备完成其功能的能力；而基本可靠性是设备无故障工作的能力。若某一铁路信号设备其结构为双机热备，一机故障后自动切换到备用热机，故障机修理后系统仍处在双机热备工作状态。采用了这种结构，因故障造成设备功能丧失的情况大为减少，其任务可靠性大为提高；但是，出现一机故障切换到另一机的情况，维修人员必须及时修复，如果经常出现这种情况，维修工作必然要投入大量的人力、物力、财力，这就关系到设备基本可靠性。因此，铁路信号设备的可靠性指标应该既要有任务可靠性指标又要有基本可靠性指标。

目前我国铁路信号设备的标准中只有一个可靠性指标，在中华人民共和国铁道行业标准 TB/T 3027—2002《计算机联锁技术条件》7.1.2 款中，计算机联锁的可靠性指标：平均故障间隔时间（MTBF）大于或等于 10^6 h。该指标没有明确是任务可靠性指标还是基本可靠性指标，仅给出一个指标，应该理解为任务可靠性指标。仅仅给出一个任务可靠性指标对于设备的使用方非常不利，特别对使用方的维修单位，因为任务可靠性只统计那些影响设备使用的故障，而不统计那些不影响设备使用的故障，这类故障维修人员也必须进行修复工作，而这类的工作可能是大量的。这也是出现设备的任务可靠性很高，而故障维修工作还不少的原因。

②平均功能故障间隔时间（MTBFF）和平均故障间隔时间（MTBF）。评估可靠性的基本参数有可靠度、失效率、平均故障间隔时间等。可靠度一般用于在短时间内要求高可靠性的系统，失效率一般作为元器件的可靠性参数。铁路信号设备是需要长时间连续工作的设备，因此用平均故障间隔时间作为评定可靠性的参数指标。铁路信号设备故障后要及时维修，它们是可修复的设备，可修复的设备可用可用性来衡量，可用性与可靠性有关，又和维修性有关。单纯评估可靠性还是应该用平均故障间隔时间。

从任务可靠性和基本可靠性两方面考虑，应有平均功能故障间隔时间和平均故障间隔时间两个参数。

（2）铁路信号设备具体指标

铁路信号设备具体指标无疑要依据具体设备而言，这里主要讨论应在铁路信号哪一级提出可靠性指标，具体指标定多少？

无论是对联锁系统、闭塞系统、调度指挥系统还是列车运行控制系统，对于不同的线路，构成系统的设备单元数量是不同的，因此应对设备单元级提出可靠性指标。如 ERTMS/ETCS RAMS 要求规范中将 ETCS 的设备分了三类：车载设备、轨旁集中设备、轨旁分散设备。

在可靠性的定量指标中可以用以下两种方式之一来规定：一种是通常令用户感到满意的标称值或设计值；一种是可以接受的最小值，低于这个最小值用户将认定系统完全不能被接受，在使用环境中不能被容忍，这是基于使用要求的值。无论选择哪个值作为规定的要求，都要遵循两条规则：①当一个标称值作为要求被规定的时候，总是规定一个系统必须达到的可以接受的最小值；②当一个最小值被单独用来作为要求的时候，总是保证明确定义它为最小值。就是说当提出铁路信号设备可靠性指标为一个单独值的时候，这个值应为用户在应用环境中可以接受的最小值，这是基于使用要求的值。因此合理的确定铁路信号设备的可靠性指标是十分重要的。确定可靠性指标，一要考虑铁路运输实际对铁路信号设备可靠性的要求，二要考虑铁路信号设备可靠性当前的实际水平。

我国铁路信号设备标准中已经有了可靠性定量指标，但是至今仍没有作为用户可以接受的可靠性的最低指标对其进行验收,其原因是目前我国铁路信号设备还没有形成一套评估铁路信号设备可靠性的有效方法。为了使标准中的可靠性指标真正成为用户可以接受的可靠性的最低指标,可靠性数据是基础。

(3)可靠性验证方法

可靠性验证的目的是确定产品是否符合规定的定量的可靠性要求,以便作为鉴定和接收的依据,可靠性验证试验包括可靠性鉴定试验和可靠性验收试验。可靠性验证的唯一方法就是进行可靠性验证试验。

①可靠性验证方案的确定。可靠性验证方法应在确定可靠性定量要求时提出,应由用户方和供货方双方共同确定可靠性验证方案,在实施可靠性验证前,方案若有变化,必须经过合同双方同意。可靠性验证方案的确定有以下两种方法:

方法1:用户方提出可靠性验证方案,供货方确认或提出修改意见,最后在双方的合同中确定。

方法2:供货方提出可靠性验证方案,用户方确认或提出修改意见,最后在双方的合同中确定。

可靠性验证试验方案应包括:试验进行的地点,试验开始的时间,明确接收或拒收标准。

a.试验进行的地点。由于铁路信号系统庞大,且需长时间使用系统,很难在实验室内模拟现场运用条件,所以信号设备可靠性的验证试验应在铁路现场进行。

b.试验开始的时间。对于新研制的铁路信号设备应在设备定型投入生产鉴定前进行,如果条件不具备,应在设备投入运用后开始进行验证试验。

c.明确接收或拒收标准。根据前面所讲抽样检验方案确定的方法,确定接收或拒收标准可采用以下步骤:

确定抽样检验类型。由于铁路信号设备可靠性指标给出的是使用方可以接受的最低值,因此抽样方案采用LQ方案,即式4-46和式4-47:

$$L(\theta_1) = \beta \tag{4-46}$$

$$\frac{2T}{\theta_1} = \chi^2_{2c+2,\beta} \tag{4-47}$$

式中:θ_1——铁路信号设备可靠性指标MTBF。上式可以写为式4-48:

$$L(\text{MTBF}) = \beta$$
$$\frac{2T}{\text{MTBF}} = \chi^2_{2c+2,\beta} \tag{4-48}$$

确定使用方和供货方的风险。式（4-48）中 β 为使用方风险，供货方风险为 $1-\beta$，主要考虑使用方的利益，兼顾供货方的利益，一般选取 $\beta=30\%$。

确定合格判定数。式（4-48）中 c 为合格判定数，即试验中故障次数少于或等于 c，判定设备满足可靠性指标，接收设备；试验中故障次数大于 c，判定设备不满足可靠性指标，拒收设备。从尽量减少试验总时间考虑，可选判定数 $c=0$，即在试验中不允许出现一次故障，出现一次故障即判为可靠性指标不合格。为了减少出现一次故障的偶然性，可选判定数 $c=1$，在试验总时间允许的条件下，判定数也可以选的大些。

确定试验总时间。式（4-48）中的 T 为试验总时间，可以根据确定的使用方风险 β 值和合格判定数 c，查 χ^2 分布表，再根据式（4-48）计算确定。

确定试验持续时间和试验样品数。铁路信号设备可靠性验证试验采用有替换的试验，试验样品故障后，更换或修复后继续进行试验。对于有替换的截尾试验，试验总时间 $T=nt$，n 为试验样品数，t 为试验持续时间。依据 d，试验总时间 T 已确定，根据实际情况可以先确定试验样品数 n，后确定试验持续时间为 t，也可以先确定试验持续时间 t，后确定试验样品数 n。

规定了某铁路信号设备可靠性定量要求指标 MTBF 的值，确定使用方风险 β、合格判定数 c、试验样品数 n 和试验持续时间 t，一个具有明确接收或拒收标准的验证方案就确定了。

例：某信号产品要求平均故障间隔时间（基本可靠性）$\mathrm{MTBF}=10^5\mathrm{h}$，根据抽样方案确定一个该铁路信号设备的可靠性验证方案。

解：方案一：

抽检方案：$\dfrac{2T}{\mathrm{MTBF}}=\chi^2_{2c+2,\beta}$；

选取 $\beta=30\%$；

选判定数 $c=0$；

查 χ^2 分布表 3-6，有 $\chi^2_{2,0.30}=2.41$，

$$T=\frac{\mathrm{MTBF}\cdot\chi^2_{2c+2,\beta}}{2}=\frac{10^5\times 2.41}{2}=120\,500\ \mathrm{h}$$

先确定试验设备数量 $n=40$，则试验持续时间 $t=3\,012.5\ \mathrm{h}$。

先确定试验持续时间 $t=2\,880\ \mathrm{h}$，则试验设备数量 $n=41.84=42$。

方案二：

前两步与方案一同；

选判定数 $c=1$；

查 χ^2 分布，有 $\chi^2_{4,0.30} = 4.88$，

$$T = \frac{10^5 \times 4.88}{2} = 244\,000 \text{ h}$$

先确定试验设备数量 $n = 40$，则试验持续时间 $t = 6\,100$ h。

先确定试验持续时间 $t = 5\,760$ h，则试验设备数量 $n = 41.84 = 42.36 = 43$。

②可靠性验证数据收集、统计、分析。在上述方案确定之后，可靠性验证数据的收集、统计、分析工作将是做好可靠性验证工作的关键。可靠性验证数据就是系统运行期间的故障数据，因此在可靠性验证方案中要明确故障数据收集、统计、分析的方法。

由于铁路信号设备可靠性验证试验为现场试验，为了保证故障数据的准确性和完整性，应建立故障收集表格。故障数据收集和表格的填写人员由用户方和供货方双方确定，由于信号维修人员工作在现场第一线，记录人和处理人一般由信号维修人员负责，分析人可由用户方和供货方共同负责。

在验证工作开始之前，应由可靠性验证工作小组的成员，对信号维修人员进行故障数据收集和表格填写的培训。在验证工作初期可靠性验证工作小组的成员应定期对故障数据收集和表格填写工作进行检查，及时解决出现的问题，尽可能做到数据的真实性、准确性和完整性。

在最后确定作为可靠性验证试验的故障数据时，要分清责任故障和非责任故障。责任故障包括：在正常维修情况下由设备本身原因造成的故障、软件造成的故障、原因不明的故障。非责任故障包括：维修不当造成的故障、人为因素造成的故障、外界因素造成的故障（包括运用和环境条件没有规定的要求而引发的故障）、其他系统设备故障引发的从属故障。责任故障是可靠性验证试验中要统计的故障。要特别注意，有些故障发生后在设计或制造已经采取措施，并在实际系统中运用，对于这样的故障是否统计要经过合作双方讨论确定。

复习思考题

1. 铁路信号设备可靠性数据收集的目的和用途有哪些?
2. 试说明铁路信号设备现场可靠性数据收集的方法。
3. 什么是截尾试验?截尾试验分几种?
4. 写出指数分布平均寿命点估计、区间估计的计算公式。
5. 设某产品的寿命分布为指数分布,抽其100个产品进行有替换的寿命试验。当发生15个产品失效时,停止试验,最后一个失效时间为1 100 h,试求置信度为90%的MTBF的置信下限。
6. 设某产品的寿命分布为指数分布,抽其20个产品进行无替换的定时截尾试验。如果在试验中无产品失效,在置信度为90%条件下,为了满足MTBF的置信下限2 000 h,试验时间应持续多少小时?
7. 设某产品的寿命分布为指数分布,抽其20个产品进行无替换的定时截尾试验。在500 h内观察到二次失效,第一次在$t_1 = 200$ h,第一次在$t_2 = 450$ h,在置信度为90%条件下,为了满足MTBF的置信下限为2 000 h,还需进行无失效试验多少小时?
8. 试对某种铁路信号设备的故障数据,用点估计、区间估计的方法分别进行可靠性评估?
9. 什么是一次计数抽样检验方案,标准型抽样方案中p_0、p_1、α、β表示什么含义?
10. 某信号产品要求平均功能故障间隔时间(任务可靠性)MTBF = 10^6 h,根据$L(\theta_1) = \beta$指数分布平均寿命抽检方案,确定一个该铁路信号设备的可靠性验证方案。

第 5 章 可靠性的要求、分配与预计

工程设计是为满足目标需求而创造某种系统、部件或方法的过程。设计过程是一系列事件（活动）的序列，这些事件帮助定义设计的不同阶段，同时以一种系统的方式来展开设计。通过开展一系列的设计活动可以实现产品不同方面的需求目标，包括性能要求、功能要求、可靠性要求、环境适应性要求等。无论实现何种目标，其基本过程是相似的，主要包括确定研制目标、提出研制要求、开展设计分析、试验验证要求是否实现，并根据研制要求的实现情况进行反复迭代，直到满足所有的研制要求。可靠性作为产品重要的质量特性之一，理应在产品研制中实现。

为了实现产品可靠性方面的目标，最基本的工程活动可以分为 3 类：①提出可靠性要求，包括通过分配提出不同层次产品的可靠性设计要求；②开展可靠性设计分析，通过各种可靠性设计分析活动为产品研制过程提供输入，形成考虑可靠性的产品设计；③验证可靠性设计效果，验证是否满足产品的可靠性要求。本章依次对这 3 个部分进行介绍。

5.1 可靠性参数指标与要求

5.1.1 相关基本概念

（1）寿命剖面与任务剖面

产品的可靠性水平应是产品在真实使用条件下（包括运输、储存等）的反映。为了研究产品的可靠性，必须确定产品的寿命剖面和任务剖面。

①寿命剖面。寿命剖面的定义为：产品从交付到寿命终结或退出使用这段时间内，所经历的全部事件和环境的时序描述。寿命剖面说明了产品在整个寿命期

经历的事件（装卸、运输、储存、检测、维修、部署、执行任务等）以及每个事件的顺序、持续时间、环境和工作方式。

寿命剖面对建立系统可靠性要求是必不可少的。对于大部分时间处于非任务状态的产品，如表5-1所列，在非任务期间由于装卸、运输、储存、检测所产生的长时间应力也会严重影响产品的可靠性（称之为储存可靠性问题）。因此，必须把寿命剖面中非任务期间的特殊状况也转化为设计要求。

表5-1 任务与非任务时间比较

产品	寿命/年	任务时间/h	非任务时间/%
某导弹电子设备	10～12（储存寿命）	0.8	99.99
某飞机电子设备	15	4 000	96.96

②任务剖面。任务剖面的定义为：产品在完成规定任务这段时间内所经历的事件和环境的时序描述。对于完成一种或多种任务的产品都应制定一种或多种任务剖面。任务剖面一般应包括：产品的工作状态、维修方案（任务过程中能维修的产品）、产品工作的时间与顺序、产品所处环境（外加的与诱发的）的时间与顺序、任务成功或严重故障的定义。

寿命剖面、任务剖面在产品可靠性要求论证时就应提出。精确和比较完整地确定产品的寿命、任务事件和预期的使用环境，是进行正确的可靠性设计分析的基础。

（2）基本可靠性与任务可靠性

在进行可靠性设计分析时，需要综合考虑规定功能和减少用户费用两方面的需求，依此可以把可靠性分为基本可靠性与任务可靠性。

基本可靠性即产品在规定的条件下和规定的时间内无故障工作的能力。基本可靠性反映产品对维修资源的要求，是产品在没有后勤保障情况下工作能力的度量。确定基本可靠性值时，应统计产品的所有寿命单位和所有的关联故障（考虑所有需要维修保障的故障）。通常等于或低于任务可靠性，采用冗余将降低产品的基本可靠性。

任务可靠性是产品在规定的任务剖面内完成规定功能的能力。任务可靠性是产品完成任务能力的度量。确定任务可靠性值时，仅考虑在任务期间内那些影响任务完成的故障（灾难故障和严重故障）。通常高于基本可靠性，可通过冗余提高产品的任务可靠性。

利用第3章中介绍的相关知识，可分别建立基本可靠性模型和任务可靠性模型。基本可靠性模型是用来估计产品及其组成单元故障引起的维修及保障要求的可靠性模型。系统中任一单元（包括储备单元）发生故障后，都需要维修或更换，都会产生维修及保障要求，因而可以把它看作度量使用费用的一种模型。基本可靠性模型是一个全串联模型，即使存在冗余单元，也都按串联处理。所以，储备单元越多，系统的基本可靠性越低。

任务可靠性模型是用来估计产品在执行任务过程中完成规定功能的概率，描述完成任务过程中产品各单元的预定作用以及度量工作有效性的一种可靠性模型。显然，系统中储备单元越多，其任务可靠性越高。

（3）固有可靠性与使用可靠性

固有可靠性（设计可靠性和合同可靠性）是设计和制造赋予产品的，并在理想的使用和保障条件下所具有的可靠性，它是从产品承制方的角度来评价产品的可靠性水平。

使用可靠性是产品在实际的环境中使用时所呈现的可靠性，它反映产品设计、制造、使用、维修、环境等因素的综合影响，它是从最终用户（产品使用方）的角度来评价产品的可靠性水平。

5.1.2 可靠性参数指标

指标是人们期望事物在某一参数上达到的数值。可靠性参数及其指标可用于约束产品研制过程并为最终产品验收提供依据，如要求产品的可靠度达到0.99。

系统目标的具体化和量化，可以通过使用几个主要指标来体现，这几个指标形成指标体系。主要指标的选择是一件非常复杂和困难的工作，指标数愈少，就愈有综合性，将来分析与优化起来也容易一些；然而指标过于笼统或者过于集中又反映不了多方面的情况，因此，数目要选得适当。另外，哪些可以作为主要指标也不是很容易确定的，它不仅涉及行业领域的知识和经验，还涉及系统分析的要求，是一个主观性很强的问题。

对于产品的可靠性而言，除了常用可靠性特征量（参数）指标，还可以用一些综合性参数指标，如可用度、效能等参数指标。在工程实际中，通常根据不同类型的产品、不同的故障特点、不同的用户需求（产品承制方、使用方）等进行选取，有时还要同时选取多个参数指标，以便描述不同方面的目标、需求和期望。

（1）可靠性参数分类

可靠性参数通常可以分为基本可靠性参数与任务可靠性参数。常见的基本可靠性参数有 T_{BF}、T_{BM}、T_{BR} 等，常见的任务可靠性参数有任务可靠度、P_S、T_{BCF} 等。

可靠性参数依其反映目标的不同可以细分为 4 个方面，即备用完好性、任务成功性、维修人力费用和保障资源费用。可靠性参数反映目标的说明及示例如表 5-2 所示。

表5-2 可靠性参数反映目标的说明及示例

反映目标	说明	示例
备用完好性	设备能随时开始执行预定任务的能力	如 $T_{BF}^{①}$、$T_{BM}^{②}$
任务成功性	设备在任务开始时处于可用状态的情况下，在规定的任务剖面中的任一（随机）时刻，能够使用且能完成规定功能的能力。它取决于任务可靠性和任务维修性	如 $P_S^{③}$、$T_{BCF}^{④}$
维修人力费用	系统需要维修人力的频度与费用的多寡	如 T_{BF}、T_{BM}、$T_{TR}^{⑤}$
保障资源费用	系统对备件、维修工具、维修设备等费用的要求	如 $T_{BR}^{⑥}$

① T_{BF}——平均故障间隔时间（Mean Time Between Failures，MTBF）：可修复产品的一种基本可靠性参数，其度量方法为：在规定的条件下和规定的时间内，产品的寿命单位总数与故障总次数之比。

② T_{BM}——平均维修间隔时间（Mean Time Between Maintenance，MTBM）：考虑维修策略的一种基本可靠性参数，其度量方法为：在规定的条件下和规定的期间内，产品寿命单位总数与该产品计划维修和非计划维修事件总数之比。

③ P_S——成功概率（Probability of Success，POS）：产品在规定的条件下成功地完成规定功能的概率。

④ T_{BCF}——平均严重故障间隔时间（Mean Time Between Critical Failures，MTBCF）：与任务有关的一种可靠性参数，其度量方法为：在规定的一系列任务剖面中，产品任务总时间与严重故障总数之比，原称为致命性故障间的任务时间。

⑤ T_{TR}——平均修复时间（Mean Time To Repair，MTTR）：在规定的条件下和规定的时间内，产品在任一规定的维修级别上，修复性维修总时间与该级别上被修复产品的故障总数之比。

⑥ T_{BR}——平均拆卸间隔时间（Mean Time Between Removals，MTBR）：在规

定的时间内，系统寿命单位总数与从该系统上拆下的产品总次数之比。

可靠性参数还可以分为使用参数和合同参数。其中，使用可靠性参数及指标反映了系统及其保障因素在计划的使用和保障环境中的可靠性要求，它是从最终用户的角度来评价产品的可靠性水平，如 POS、MTBM 等。合同可靠性参数及指标反映了合同中使用的用于设计与考核度量的可靠性要求，它更多地是从承制方的角度来评价产品的可靠性水平，如 MTBF、MTBCF 等。一般合同可靠性参数采用固有可靠性值。

（2）可靠性参数间的相关性

①平均故障间隔时间 T_{BF} 与故障率 λ。对于电子产品和大型复杂系统、设备，一般可以假设其寿命服从指数分布，因此存在下面的转换关系式 5-1：

$$T_{BF} = \frac{1}{\lambda} \tag{5-1}$$

②平均维修间隔时间 T_{BM} 与平均故障间隔时间 T_{BF}。T_{BM} 是产品工作的寿命单位总数与维修事件总数之比，它是使用可靠性参数，可以把它转换成合同可靠性参数 T_{BF}。经过大量的统计归纳，建立它们之间的转换关系，如式 5-2 所示：

$$使用参数 = K \times (T_{BF})^{\alpha} \tag{5-2}$$

式中：使用参数——包括 T_{BM-1}（只考虑固有原因引起的故障）、T_{BM-T}（只考虑误报或无法复现的故障）、T_{BM-ND}（考虑所有的故障）；

K——环境系数；

α——复杂性系数。

环境系数 K 和复杂性系数 α 的取值随装备、系统和设备的变化而发生变化，由统计数据确定。

③平均拆卸间隔时间 T_{BR} 与平均故障间隔时间 T_{BF}。T_{BR} 是产品工作的寿命单位总数与拆卸产品总数之比。一般地，拆卸产品总数指非计划拆卸产品总数，包括因故障、串件、要修理其他部件而引起的拆卸等。T_{BR} 是使用可靠性参数，可以把它转换成合同可靠性参数 T_{BF}，如式 5-3 所示。

$$\frac{T_{BF}}{T_{BR}} = K \quad (K \text{ 一般大于 1，由统计获得}) \tag{5-3}$$

（3）可靠性参数指标的特点

可靠性参数指标与性能参数指标相比，具有以下特点：

①可靠性参数的相关性（可转换性）。不同的可靠性参数能够按照一定的规

律进行转换。此外，使用可靠性参数与合同可靠性参数之间也具有相关性。

②可靠性指标的不唯一性。为便于工程管理，可靠性指标采用目标值与门限值两种形式，通过目标值与门限值，规范地明确了设计工作的可靠性目标和必须满足的可靠性门槛条件。而由目标值转换产生的规定值是产品可靠性设计的依据。由门限值转换产生的最低可接受值是研制阶段必须达到的考核验证指标，是能否转入下一研制阶段的判据之一。

③可靠性指标的阶段性。可靠性指标会随着产品研制阶段的推进而增加。可靠性指标随着产品研制阶段的深入而增加的原因是在产品研制、生产和使用过程中会不断地暴露和发现问题，采取改进措施完善设计后，可使产品的可靠性不断地得到增长。为有效地对产品可靠性指标增长这一特性进行控制，必须在各关键时间节点进行检查，因此提出了可靠性指标的阶段性问题。

5.1.3 可靠性要求

可靠性要求是产品使用方从可靠性角度向承制方（或生产方）提出的研制目标，是进行可靠性设计分析、制造、试验和验收的依据。研制人员只有在透彻地了解这些要求后，才能在产品的设计、生产过程中充分考虑可靠性问题，并按要求有计划地实施有关的组织、监督、控制及验证工作。

可靠性要求可分为3类：第1类是可靠性定性要求，即用一种非量化要求的形式来设计、评价和保证产品的可靠性；第2类是可靠性定量要求，即规定产品的可靠性参数、指标和相应的验证方法，用定量方法进行设计分析、验证，从而保证产品的可靠性；第3类是可靠性工作项目要求，即要求采取的可靠性设计措施或可靠性分析工作，以保证和提高产品的可靠性。

（1）可靠性定性要求

可靠性定性要求是通过非量化的形式提出可靠性要求，以便通过设计、分析工作，保证产品的可靠性。可靠性定性要求对数值无确切要求，在缺乏大量数据支持的情况下，提出定性要求并加以实现就显得尤为重要。可靠性定性要求一般可分为6个方面，包括简单性、冗余、降额、采用成熟技术、环境适应性、人机工程，可靠性定性要求示例如表5-3所示。

表5-3 可靠性定性要求示例

序号	类别	示例
1	简单性	①在满足功能和预期使用条件的前提下，尽可能将产品设计成具有最简单的结构和外形 ②设计时应使用较少的零组件实现多种功能，以简化组装、减少差错
2	冗余	①重要的承力结构件，应按损坏–安全原则设计，要提供足够的冗余，以保证产品在某一承力结构件损坏时，仍可执行任务或安全返回 ②装有两台（或多台）发动机的产品，其中任一台发动机损坏时，另一台或几台发动机仍能保证产品完成规定的任务等
3	降额	①选用的电子元器件、液压元件、气动元件、电机、轴承、各种结构件，应采用降低负荷额定值的设计，以提供更大的安全储备 ②机械、电气、机电等设备零件应减少其承受载荷的应力
4	采用成熟技术	①设计应在满足功能要求的前提下，尽量采用经过工程实践考验具有高可靠性的设计 ②为满足性能要求采用的新技术，必须经过前期的技术验证，证实其能满足产品的可靠性要求
5	环境适应性	①应选用耐腐蚀的材料，依据使用环境和材料的性质，对零件表面采用镀层、涂料、阳极化处理或其他表面处理，提高其防腐蚀性能 ②在电势序列中相距远的不同金属不应直接结合在一起，以防止产生电化学腐蚀
6	人机工程	①驾驶（乘员）舱内的环境条件（如温度、湿度、灯光、振动、气压等）应满足驾驶员（乘员）在舱内正常使用（操作）设备的要求 ②产品使用（操作）人员在正常工作位置的噪声、振动、冲击、加速度等应在安全范围内，若超出允许范围，则应采取安全措施

（2）可靠性定量要求

可靠性定量要求是确定产品的可靠性参数、指标以及验证时机和验证方法，以便在设计、生产、试验验证、使用过程中用量化方法评价或验证产品的可靠性水平。可靠性参数要反映设备完好性、任务成功性、维修人力费用及保障资源费用这4个方面的要求。

可靠性定量要求分为基本可靠性要求和任务可靠性要求。一般地，我们把成熟期的规定值作为产品设计的依据，而把研制阶段的门限值（或最低可接受值）作为该阶段必须达到的现场（或实验室）考核验证的依据，是能否转阶段的依据。

（3）可靠性工作项目要求

可靠性工作项目要求一般是在产品研制过程中，要求采取的可靠性设计措施或可靠性分析工作，以保证和提高产品可靠性。这些要求都是概要性的设计措施和分析工作，需要在产品研制的各个阶段根据产品的实际情况和设计分析方法的特点进行细化，并具体组织实施。主要的可靠性工作项目要求如表5-4所列。

表5-4　主要可靠性工作项目要求

序号	工作项目要求名称	目的
1	制定和贯彻可靠性设计准则	将可靠性要求及使用中的约束条件转换为设计边界条件，给设计人员规定专门的技术要求和设计原则，以提高产品的可靠性
2	简化设计	减少产品的复杂性，提高其基本可靠性
3	余度设计	用多于一种的途径来完成规定的功能，以提高产品的任务可靠性和安全性
4	容错设计	能够自动地实时检测并诊断出产品的故障，并采取对故障的控制后处理策略，以达到对故障的"容忍"，仍能完成规定功能
5	降额设计	降低元器件、零部件的故障率，提高产品的基本、任务可靠性和安全性
6	元器件、零部件、原材料的选择与控制	对电子元器件、机械零部件、原材料进行控制与管理，提高产品可靠性，降低保障费用
7	确定关键件和重要件	把有限的资源用于提高关键产品的可靠性
8	环境防护设计	选择能抵消环境作用或影响的设计方案和材料，或提出一些能改变环境的方案，或把环境应力控制在可接受的极限范围内
9	热设计	通过元器件选择、电路设计、结构设计、布局来减少温度对产品可靠性的影响，使产品能在较宽的温度范围内可靠地工作
10	软件可靠性设计	通过采用N版本编程法、恢复块法和贯彻执行软件工程规范等来提高软件的可靠性
11	包装、装卸、运输、储存等设计	通过对产品在包装、装卸、运输、储存期间性能变化情况的分析，确定应采取的保护措施，从而提高其可靠性
12	故障模式影响及危害性分析（FMECA）	评价每个零部件或设备的故障模式对产品或系统产生的影响，确定其严酷度，发现设计中的薄弱环节，提出改进措施
13	故障树分析（FTA）	分析造成产品某种故障状态（或事件）的各种原因和条件，以确定各种原因或原因的组合，发现设计中的薄弱环节，提出改进措施
14	潜在通路分析	在假定所有元件、器件均正常工作的情况下，分析确认能引起非期望的功能或抑制所期望的功能的潜在状态

续　表

序号	工作项目要求名称	目的
15	电路容差分析	分析电路的组成部分在规定的使用温度范围内，其参数偏差和寄生参数对电路性能容差的影响，并根据分析结果提出相应的改进措施
16	耐久性分析	发现可能过早发生耗损故障的零部件，确定故障的根本原因和可能采取的纠正措施
17	有限元分析	在设计过程中对产品的机械强度和热特性等进行分析和评价，尽早发现承载结构和材料的薄弱环节及产品的过热部分，以便及时采取设计改进措施

5.2　可靠性分配

可靠性分配就是将使用方提出的，在产品研制任务书（或合同）中规定的总体可靠性指标，自顶向下，由上到下，从整体到局部，逐步分解，分配到各系统、分系统及设备。也就是上一级产品对其下一级产品的可靠性定量要求，并将其写入相应的研制任务书或合同中，是一个演绎分解的过程。应与产品的功能分配、技术性能指标分配等同步进行。

可靠性分配的目的就是使各级设计人员明确其可靠性设计要求，根据要求估计所需的人力、时间和资源，并研究实现这些要求的可能性及办法。如同性能指标一样，可靠性指标是设计人员在可靠性方面的一个设计目标。

可靠性分配包括基本可靠性分配和任务可靠性分配。这两者有时是相互矛盾的，提高产品的任务可靠性，可能会降低基本可靠性，反之亦然。因此，在进行可靠性分配时，要对两者进行权衡分析或采取其互不影响的措施。

5.2.1　基本思想和原理

产品可靠性分配就是求解下面的基本不等式式 5-4：

$$R_s(R_1, R_2, \cdots, R_i, \cdots, R_n) \geqslant R_s^* \tag{5-4}$$

式中：R_s^*——产品的可靠性指标；R_i——第 i 个单元的可靠性指标。

对于简单的串联系统而言，式（5-4）可以转换为式 5-5：

$$R_1(t) \cdot R_2(t) \cdots R_i(t) \cdots R_n(t) \geqslant R_s^*(t) \tag{5-5}$$

如果对分配没有任何约束条件，则式 5-4、式 5-5 可以有无数个解。有约束条件时，也可能有多个解。因此，可靠性分配的关键在于要确定一个方法，通过它能得到合理的可靠性分配值的优化解。考虑到可靠性的特点，为提高分配结果的合理性和可行性，可以选择故障率、可靠度等参数进行可靠性分配。在进行可靠性分配时需要遵循以下几条准则：

①对于复杂度高的分系统、设备等，应分配较低的可靠性指标，因为产品越复杂，其组成单元就越多，要达到高可靠性就越困难并且费用越高。

②对于技术上不成熟的产品，应分配较低的可靠性指标，对于这种产品提出高可靠性要求会延长研制时间，增加研制费用。

③对于在恶劣环境条件下工作的产品，应分配较低的可靠性指标，因为恶劣的环境会增加产品的故障率。

④当把可靠度作为分配参数时，对于需要长期工作的产品，应分配较低的可靠性指标，因为产品的可靠度随着工作时间的增加而降低。

⑤对于重要度高的产品，应分配较高的可靠性指标，因为重要度高的产品的故障会影响人身安全或任务的完成。

另外，分配时还可以结合实际情况，考虑其他一些因素。例如，维修可达性差的产品，应分配较高的可靠性指标，以实现较好的综合效能等。

对于已有可靠性指标的产品或技术成熟的系统/成品，不再参与可靠性分配。同时，在进行可靠性分配时，要从总指标中剔除这些单元的可靠性指标值。

5.2.2 主要方法

（1）等分配法

这是在设计初期，即方案阶段，当产品没有继承性且产品定义并不十分清晰时所采用的最简单的分配方法，可用于基本可靠性和任务可靠性的分配。

等分配法的原理是：对于简单的串联产品，认为其各组成单元的可靠性水平均相同。设产品由 n 个单元串联而成，$R_i = R, i = 1, 2, \cdots, n$，则产品可靠度 R_S 为式 5-6：

$$R_S = \prod_{i=1}^{n} R_i = R^n \tag{5-6}$$

若给定产品可靠度指标为 R_S^*，则由式 5-6 可得到分配给各单元的可靠度指标 R_i^* 为式 5-7：

$$R_i^* = \sqrt[n]{R_s^*} \tag{5-7}$$

假设各单元寿命服从指数分布，则可以表示为式 5-8：

$$\lambda_i^* = \lambda_s^* / n \tag{5-8}$$

式中：λ_i^*——分配给第 i 个单元的故障率(1/h)；λ_s^*——产品的故障率(1/h)。

例：某型抗荷服是由衣面、胶囊、拉链三部分串联组成。若要求该抗荷服的可靠度指标 $R_s^* = 0.9987$，试用等分配法确定衣面、胶囊、拉链的可靠度指标。

解：按式（5-7）有：

$$R_{衣面}^* = R_{胶囊}^* = R_{拉链}^* = \sqrt[3]{R_s^*} = \sqrt[3]{0.9987} = 0.99957$$

从这个例子可以看出，等分配法虽然简单，但并不合理。因为实际产品中，一般不可能存在各单元可靠性水平均等的情况，但对一个新产品，在方案阶段，进行初步分配是可取的。

（2）*评分分配法*

评分分配法是在可靠性数据非常缺乏的情况下，通过有经验的设计人员或专家对影响可靠性的几种因素评分，并对评分值进行综合分析以获得产品各组成单元之间的可靠性相对比值，根据相对比值给每个单元分配可靠性指标的分配方法。应用这种方法时，时间一般应以产品工作时间为基准。这种方法主要用于分配产品的基本可靠性，也可用于分配串联产品的任务可靠性，一般假设产品寿命服从指数分布。该方法适合于方案阶段和初步设计阶段，主要包括以下内容。

①评分因素。评分分配法通常考虑的因素有复杂程度、技术水平、工作时间和环境条件等。在工程实际中可以根据产品的特点增加或减少评分因素。

②评分原则。下面以产品故障率为分配参数说明评分原则。各种因素评分值范围为 1～10 分，评分越高，说明对产品的可靠性产生越恶劣的影响。

a. 复杂程度——根据产品组成单元的数量及其组装的难易程度来评定。最复杂的评 10 分，最简单的评 1 分。

b. 技术水平——根据产品单元目前的技术水平和成熟程度来评定。水平最低的评 10 分，水平最高的评 1 分。

c. 工作时间——根据产品单元的工作时间来评定。单元工作时间最长的评 10 分，最短的评 1 分。如果产品中所有单元的故障率是以产品工作时间为基准，即所有单元故障率统计是以产品工作时间为统计时间计算的，则各单元的工作时间不相同，而统计时间均相等（实际工作中，现场统计很多是以产品工作时间统计的)。如果产品中所有单元的故障率是以单元自身工作时间为基准,即所有单元故障率统计是以单元自身工作时间为统计时间计算的,则单元的工作时间各不相同,故障率统计时间也不同,可以不考虑此因素。

d. 环境条件——根据产品单元所处的环境来评定。单元工作过程中会经受极其恶劣而严酷的环境条件评 10 分,环境条件最好的评 1 分。

③评分法可靠性分配。设产品的可靠性指标为 λ_s^*,分配给每个单元的故障率 λ_i^* 为式 5-9:

$$\lambda_i^* = C_i \cdot \lambda_s^* \quad (5-9)$$

式中: $i = 1, 2, \cdots, n$——单元数;

C_i——第 i 个单元的评分系数,如式 5-10 所示:

$$C_i = \omega_i / \omega \quad (5-10)$$

式中: ω_i——第 i 个单元的评分数;

ω——产品的评分数。

产品的评分数为产品各单元评分数的累加和,具体计算如式 5-11 所示:

$$\omega = \sum_{i=1}^{n} \omega_i \quad (5-11)$$

式中: $i=1, 2, \cdots, n$ 为产品中对应的单元数。

各单元评分数的计算如式 5-12 所示:

$$\omega_i = \prod_{j=1}^{4} r_{ij} \quad (5-12)$$

式中: r_{ij} 为第 i 个单元、第 j 个元素的评分数;

$j=1$ 为单元的复杂程度;

$j=2$ 为单元的技术水平;

$j=3$ 为单元的工作时间;

$j=4$ 为单元的环境条件。

(3)比例组合法

如果一个新设计的产品与老产品非常相似,即组成产品的各单元类型相同(新、老飞机都是由机体、动力装置、燃油、液压、导航等分系统组成),对新产品只是根据新情况提出新的可靠性要求,那么就可以采用比例组合法(相似产品法),根据老产品中各单元的故障率,按新产品可靠性的要求,给新产品的各单元分配故障率。这种方法主要用于分配产品的基本可靠性，也可用于分配串联产品的任务可靠性，其数学表达式为式5-13：

$$\lambda_{i新}^* = \lambda_{S新}^* \frac{\lambda_{i老}}{\lambda_{s老}} \qquad (5-13)$$

式中：$\lambda_{S新}^*$——新产品的故障率（1/h）；

$\lambda_{i新}^*$——分配给新产品中第 i 个单元的故障率（1/h）；

$\lambda_{s老}$——老产品的故障率（1/h）；

$\lambda_{i老}$——老产品中第 i 个单元的故障率（1/h）。

这种方法的本质是：认为原有产品基本上反映了一定时期内产品能实现的可靠性水平，新产品的个别单元不会在技术上有什么重大的突破，那么按照现实水平，可把新的可靠性指标按其原有能力成比例地进行调整。

这种方法只适用于新、老产品的结构、材料、工艺、使用环境等相似，而且有老产品统计数据或是在已有各组成单元预计数据基础进行分配的情况。

例：有一个液压系统，其故障率 $\lambda_{S老} = 256.0 \times 10^{-6}(1/h)$，各分系统故障率如表5-5所列。现要设计一个新的液压系统，其组成单元、使用环境、材料、工艺等与老系统完全一样，只是要求提高新系统的可靠性，即 $\lambda_{S新} = 200.0 \times 10^{-6}(1/h)$，试把这个指标分配给各分系统。

解：

①已知：$\lambda_{S新} = 200.0 \times 10^{-6} / h$；$\lambda_{S老} = 256.0 \times 10^{-6} / h$

②计算：$\lambda_{S新} / \lambda_{S老} = 200.0 \times 10^{-6} / 256.0 \times 10^{-6} = 0.78125$

③利用式5-13计算分配给各分系统的故障率（见表5-5中第4列）：

$$\lambda_{油箱}^* = 3.0 \times 10^{-6} \times 0.78125 \approx 2.3 \times 10^{-6} / h$$

$$\lambda_{拉紧装置}^* = 1.0 \times 10^{-6} \times 0.78125 \approx 0.78 \times 10^{-6} / h$$

$$\lambda_{启动器}^* = 67.0 \times 10^{-6} \times 0.78125 \approx 52.0 \times 10^{-6} / h$$

④验算：$\lambda_{S新} = \sum_{i=1}^{10} \lambda_{i新}^* = 199.26 \times 10^{-6} / h < \lambda_{s新}^*$

表5-5 某液压系统各分系统的故障率

序号	分系统名称	$\lambda_{i老} / (10^{-6} \cdot h^{-1})$	$\lambda_{i老} / (10^{-6} \cdot h^{-1})$
1	油箱	3.0	2.3
2	拉紧装置	1.0	0.78

续表

序号	分系统名称	$\lambda_{i老}$ /($10^{-6} \cdot h^{-1}$)	$\lambda_{i老}$ /($10^{-6} \cdot h^{-1}$)
3	油泵	75.0	59.0
4	电动机	46.0	36.0
5	止回阀	30.0	23.0
6	安全阀	26.0	20.0
7	油滤	4.0	3.1
8	联轴节	1.0	0.78
9	导管	3.0	2.3
10	启动器	67.0	52.0
	总计（系统）	256.0	199.26

如果有老系统中各分系统故障数占系统故障数百分比 K_i 的统计资料，那么可以按式 5-14 进行分配：

$$\lambda_{i新}^* = \lambda_{S新}^* \cdot K_i \tag{5-14}$$

式中：K_i——第 i 个分系统故障数占系统故障数的百分比。

在工程实际中，一般新老产品构成不可能完全相似，某些单元可能属于已定型的"货架"产品或已单独给定可靠性指标的产品，即该单元的指标已确定，那么可以按式 5-15 进行分配：

$$\lambda_{i新}^* = \frac{\lambda_{S新}^* - \lambda_c}{\lambda_{S老}^* - \lambda_c} \lambda_{i老} \tag{5-15}$$

式中：λ_c——已定型"货架"产品或已经给定可靠性指标的产品的故障率（1/h）；

$\lambda_{S新}^*$——新产品的故障率（1/h）；

$\lambda_{i新}^*$——分配给新产品中第 i 个单元的故障率（1/h）；

$\lambda_{S老}^*$——老产品的故障率（1/h）；

$\lambda_{i老}$——老产品中第 i 个单元的故障率（1/h）。

（4）考虑重要因子和复杂因子的分配方法

这种方法一般在初步设计阶段采用，此时可获得产品的相关故障等信息，可用于基本可靠性和任务可靠性的分配。

①重要因子的概念。产品可以按系统级、分系统级、设备级……逐级展开。

一般情况下，产品的可靠性框图是由各系统串联组成，而系统的可靠性框图则由分系统或设备以串联、并联等组成混合模型。例如，一架飞机由机体、动力装置、飞控等系统组成，动力装置又由两台发动机组成，其可靠性框图如图 5-1 所示。

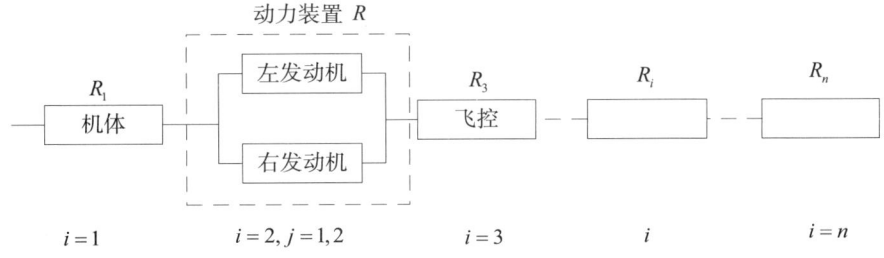

图 5-1　某飞机的可靠性框图

当串联部分任一系统发生故障时，产品就发生故障。但动力装置是由两台发动机并联组成，当一台发动机发生故障而动力装置还未发生故障时，则产品也未发生故障。我们用一个定量的指标来表示各系统（或分系统、设备）的故障对产品故障的影响，这就是重要因子 $\omega_{i(j)}$，可表示为式 5-16：

$$\omega_{i(j)} = \frac{N_i}{r_{i(j)}} \quad (5\text{-}16)$$

式中：$r_{i(j)}$——第 i 个系统（第 j 个分系统/设备）的故障次数；

N_i——由第 i 个系统的故障引起产品故障的次数。

注意：当系统没有冗余时，下标 $i(j)$ 指的就是第 i 个系统。如图 5-1 所示中的机体、飞控分系统 $\omega_{i(j)} = \omega_1, \omega_{3(j)} = \omega_3, r_{1(j)} = r_1, r_{3(j)} = r_3$ 系统有冗余时，下标 $i(j)$ 指的是第 i 个系统第 j 个分系统/设备。如图 5-1 所示中的动力装置分系统由两台发动机组成，则下标 $i(j)$ 指的就是动力装置中的发动机，即 $\omega_{2(j)} = \omega_{21}, \omega_{22}$ 重要因子就是第 i 个系统（第 j 个分系统/设备）发生故障引起产品发生故障的概率，$0.0 \leqslant \omega_{i(j)} \leqslant 1.0$ 其数值可根据实际经验（或统计数据）来确定。

从 $\omega_{i(j)}$ 的定义可知，如果 $\omega_{i(j)} = 1.0$，即只要第 i 个系统（第 j 个分系统/设备）发生故障，产品就发生故障。这就意味着，从可靠性角度来看，第 i 个系统（第 j 个分系统/设备）在产品中的地位极为重要，它的可靠程度将对产品产生百分之百影响（我们称它对产品可靠性贡献为 1.0）。显然，由系统串联组成的产品，各系统的 $\omega_{i(j)} = \omega_i = 1.0$。

②复杂因子的概念。复杂因子 C_i 可以简单地用该系统（分系统/设备）的基本构成部件数来表示，其定义为式 5-17：

$$C_i = n_i / N = n_i / \sum_{i=1}^{n} n_i \tag{5-17}$$

式中：n_i——第 i 个系统的基本构成部件数；

N——系统的基本构成部件总数；

n——系统数。

在分配时假设这些基本构成部件对整个串联产品可靠度的贡献是相同的，因此系统 i 的可靠度 R_i^* 为式 5-18：

$$R_i^* = \left[\left(R_s^* \right)^{1/N} \right]^{n_i} = \left(R_s^* \right)^{n_i/N} \tag{5-18}$$

这种分配方法的实质是：复杂的系统比较容易出现故障，因此可靠度应分配得低一些。

③系统可靠度的分配方法。当仅考虑系统（分系统/设备）重要因子时，按等分配法（式 5-19）得到：

$$R_i^* \approx e^{-\omega_{i(j)} t_{i(j)} / \theta_{i(j)}} = \sqrt[n]{R_s^*} \tag{5-19}$$

如果不是按照等分配，而是按照系统的复杂因子进行分配，则有式 5-20：

$$R_i^* \approx e^{-\omega_{i(j)} t_{i(j)} / \theta_{i(j)}} = \left[\left(R_s^* \right)^{1/N} \right]^{n_i} = \left(R_s^* \right)^{n_i/N} \tag{5-20}$$

可以表示为式 5-21 和式 5-22：

$$-\omega_{i(j)} t_{i(j)} / \theta_{i(j)} = \frac{n_i}{N} \ln R_s^* \tag{5-21}$$

$$\theta_{i(j)} = \frac{N \cdot \omega_{i(j)} t_{i(j)}}{n_i \left(-\ln R_s^* \right)} \tag{5-22}$$

式中：n_i——第 i 个系统的基本构成部件数；

N——整个产品的基本构成部件数：$N = \sum_{i=1}^{n} n_i$；

n——系统数；

$\omega_{i(j)}$——第 i 个系统（第 j 个分系统/设备）的重要因子；

$t_{i(j)}$——第 i 个系统（第 j 个分系统/设备）工作时间（h）；

$\theta_{i(j)}$——分配给第 i 个系统（第 j 个分系统/设备）的平均故障间隔时间（h）；

R_s^*——系统规定的可靠度指标。

从式 5-22 可以看出，分配给第 i 个系统（第 j 个分系统/设备）的可靠性指

标 $\theta_{i(j)}$ 与该系统的重要因子成正比，与它的复杂因子成反比。

当按式（5-22）分配给各系统（分系统/设备）的 $\theta_{i(j)}$ 之后，求出产品的可靠度 R_s，它必须满足规定的产品可靠度指标 R_s^*。

（5）冗余系统的比例组合法

常规的比例组合法（相似产品法）只适用于基本可靠性指标的分配，即只适用于串联模型。而对于任务可靠性指标分配来说，其对应的可靠性模型多是一个串、并、旁联等混合的模型。对于简单的冗余系统来说，可采用的分配方法有：考虑重要因子、复杂因子的分配法；拉格朗日乘数法；动态规划法；直接寻查法等。这些方法多是从数学优化的角度并考虑某些约束条件来研究产品的冗余问题，在工程上往往不是简易可行的，而且不能应用于含有冷储备等多种模型的情况。下面介绍如何把比例组合法应用于含有串、并、旁联等混合模型的产品可靠性分配。

①任务可靠度模型。假定系统各组成单元的寿命服从指数分布。一般地设混合模型中各组成单元的可靠度为 $R_i(t), i=1,2,\cdots,n$，该模型的系统可靠度可表示为 $R_i(t)$ 的函数（式5-23）：

$$R_s(t) = f[R_1(t), R_2(t), \cdots, R_n(t)] \tag{5-23}$$

②任务可靠性分配。根据比例组合法的基本原则，即新产品各组成单元故障率的分配值 λ_i^* 与老产品相似单元的故障率 λ_i 之比值相等，即式5-24：

$$\frac{\lambda_i^*}{\lambda_i} = K, i = 1, 2, \cdots, n \tag{5-24}$$

由于产品各组成单元的寿命服从指数分布，所以得式5-25：

$$R_i(t) = e^{-K\lambda_i t}, i = 1, 2, \cdots, n$$

因此，求解满足式5-26的 K 值：

$$f\left[e^{-K\lambda_1 t}, e^{-K\lambda_2 t}, \cdots, e^{-K\lambda_n t}\right] = R_s^*(t)\big|_{t=t_0} \tag{5-26}$$

各单元故障率的分配值 λ_i^* 为式5-27：

$$\lambda_i^* = K \cdot \lambda_i \tag{5-27}$$

对一般产品而言，求解式5-26是很困难的，因此可以采用逐步逼近的数值解法。

例：某系统由A、B、C、D、E共5个单元组成，如图5-2所示，由相似系统可得各单元故障率如图5-2所示，若要求的系统任务可靠度为0.9（在任务时间

$t=1.5\,\mathrm{h}$ 内），试将此指标分配给各单元。

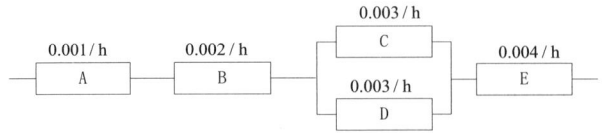

图 5-2　某系统可靠性框图及其单元的故障率

解：

$$R_S(t) = f\left[R_A(t), R_B(t), \cdots, R_E(t)\right] = \\ \mathrm{e}^{-\lambda_A t}\mathrm{e}^{-\lambda_B t}\left[1-\left(1-\mathrm{e}^{-\lambda_C t}\right)^2\right]\mathrm{e}^{-\lambda_E t}$$

求解方程：

$$\mathrm{e}^{-\lambda_A Kt}\mathrm{e}^{-\lambda_B Kt}\left[1-\left(1-\mathrm{e}^{-\lambda_C Kt}\right)^2\right]\mathrm{e}^{-\lambda_E Kt} = R_s^* = 0.9$$

得到 $Kt=14.78$，所以：

$$R_A^* = \mathrm{e}^{-\lambda_A Kt} = \mathrm{e}^{-0.001\times 14.78} = 0.985\,3$$
$$R_B^* = \mathrm{e}^{-\lambda_B Kt} = 0.970\,9$$
$$R_C^* = R_D^* = \mathrm{e}^{-\lambda_C t} = 0.956\,6$$
$$R_E^* = \mathrm{e}^{-\lambda_E Kt} = 0.942\,6$$

这就是各单元可靠性指标分配的精确解。

（6）可靠度的再分配法

可靠度的再分配法适用于基本可靠性和任务可靠性的分配。对串联产品，当通过预计得到各系统可靠度 $R_1, R_2, \cdots, R_n$ 时，则产品的可靠度为式 5-28：

$$R_S = \prod_{i=1}^{n} R_i \quad (5-28)$$

式中：$i=1,2,\cdots,n$——分系统数。

如果 $R_S < R_S^*$（规定的可靠度指标），即所设计的产品不能满足规定的可靠度指标要求，那么需要进一步改进原设计以提高其可靠度，即要对各系统的可靠性指标进行再分配。

可靠度再分配法的基本思想是：认为可靠性越低的系统（或分系统/设备）改进起来越容易，反之则越困难（以往的经验也是如此）。把原来可靠度较低系统的可靠度都提高到某个值，而对于原来可靠度较高系统的可靠度仍保持不变。可靠性再分配法的具体步骤如下：

①根据各系统可靠度大小，由低到高将它们依次排列为：

$$R_1 < R_2 < \cdots < R_{k_0} < R_{k_0+1} < \cdots < R_n$$

②按可靠度再分配法的基本思想，把可靠度较低的$R_1, R_2, \cdots, R_{k_0}$都提高到某个值$R_0$，而原可靠度较高的$R_{k_0+1}, \cdots, R_n$保持不变，则产品可靠度$R_s$为式5-29：

$$R_s = R_0^{k_0} \cdot \prod_{i=k_0+1}^{n} R_i \qquad (5\text{-}29)$$

使R_s满足规定的产品可靠度指标要求，即式5-30：

$$R_s = R_s^* = R_0^{k_0} \cdot \prod_{i=k_0+1}^{n} R_i \qquad (5\text{-}30)$$

③确定k_0及R_0，即确定哪些系统的可靠度需要提高以及提高到什么程度。通过式5-29推导可得k_0应满足不等式5-31：

$$r_j = \left[R_s^* \Big/ \prod_{i=j+1}^{n+1} k_i \right]^{1/j} > R_j \qquad (5\text{-}31)$$

令R_{n+1}满足式5-32：

$$R_{n+1} = 1.0 \qquad (5\text{-}32)$$

k_0就是满足不等式5-31的j的最大值，则R_0为式5-33：

$$R_0 = \left[R_s^* \Big/ \prod_{i=j+1}^{n+1} k_j \right]^{1/k_0} \qquad (5\text{-}33)$$

例：一个产品由三个系统串联组成，通过预计得到它们的可靠度为：0.8、0.9、0.95，则产品可靠度$R_s = 0.648$，而规定的产品可靠度$R_s^* = 0.85$，试对三个系统进行可靠度再分配。

解：

已知：

$$R_s^* = 0.85, \quad n = 3$$

把原系统的可靠度由小到大排列为：

$$R_1 = 0.8, \quad R_2 = 0.9, \quad R_3 = 0.95$$

按不等式5-31确定k_0：

$$R_{n+1} = R_4 = 1.0$$

$$j = 1, \quad r_1 = \left(\frac{R_s^*}{R_2 \cdot R_3 \cdot R_4} \right)^{1/1} = \left(\frac{0.85}{0.9 \times 0.95 \times 1.0} \right)^{1/1} = 0.994 > R$$

$$j=2, \quad r_2 = \left(\frac{R_s^*}{R_3 + R_4}\right)^{1/2} = \left(\frac{0.85}{0.95 \times 1.0}\right)^{1/2} = 0.946 > R_2$$

$$j=3, \quad r_3 = \left(\frac{R_s^*}{R_4}\right)^{1/3} = \left(\frac{0.85}{1.0}\right)^{1/3} = 0.9473 < R_3$$

前面所说的 k_0 就是满足不等式 5-31 的 j 的最大值，因此 $k_0 = 2$。

按式 5-33 计算 R_0：

$$R_0 = \left[\frac{R_S^*}{\prod_{j=k_0+1}^{n+1} R_j}\right]^{1/k_0} = \left[\frac{R_s^*}{R_3}\right] = \left[\frac{0.85}{0.95}\right]^{1/2} = 0.946$$

得到 $R_1 = R_2 = R_3 = 0.946$，即第 1、2 个系统的可靠度都提高到 0.946。

按式 5-29 验算产品可靠度：

$$R_s = R_0^{k_0} \cdot \prod_{i=k_0+1}^{n} R_i = R_0^2 \cdot R_3 = 0.946^2 \cdot 0.95 = 0.85 = R_s^*$$

经过可靠度再分配后，产品满足了规定的可靠度指标。

5.3 可靠性预计

可靠性模型最直接的应用是在设计阶段对单元和系统的可靠性参数进行定量的估计，即可靠性预计。可靠性模型从可靠性的角度体现了系统的结构特点，基于可靠性模型，根据历史的产品可靠性数据、系统的工作环境等因素，可估计组成系统的单元及系统总体的可靠性。可靠性预计的目的和用途主要如下：

①评价是否能够达到要求的可靠性指标；

②在方案阶段，通过可靠性预计，比较不同方案的可靠性水平，为最优方案的选择及方案优化提供依据；

③在设计中，通过可靠性预计，发现影响系统可靠性的主要因素，找出薄弱环节，采取设计措施，提高系统可靠性；

④为可靠性增长试验、验证及费用核算等提供依据；

⑤为可靠性分配奠定基础。

可靠性预计的主要价值在于，它可以作为设计手段为设计决策提供依据。因此，要求预计工作具有及时性，即在决策点之前做出预计提供有用的信息，否则这项工作就会失去其意义。为了达到预计的及时性，在设计的不同阶段及系统的不同层次上可采用不同的预计方法，由粗到细，随着研制工作的深入而不断细化。

可靠性预计与可靠性分配都是可靠性设计分析的重要工作，两者相辅相成，相互支持。前者是自下而上的归纳综合过程，后者是自上而下的演绎分解过程。可靠性建模是这两项工作的基础，可靠性分配结果是可靠性预计的目标，可靠性预计的相对结果是可靠性分配与指标调整的基础。在产品设计的各个阶段均要相互交替反复进行多次。

5.3.1 单元可靠性预计

（1）相似产品法

相似产品法就是利用与该产品相似的已有成熟产品的可靠性数据，来估计该产品的可靠性，成熟产品的可靠性数据主要来源于现场统计和实验室的试验结果。

相似产品法考虑的相似因素一般包括：产品结构、性能的相似性；设计的相似性；材料和制造工艺的相似性；使用剖面（保障、使用和环境条件）的相似性。这种方法简单、快捷，适用于系统研制的各个阶段，可应用于各类产品的可靠性预计，如电子、机械、机电等产品，其预计的准确性取决于产品的相似性。成熟产品的详细故障记录越全，数据越丰富，比较的基础越好，预计的准确度越高。相似产品法的预计程序如下：

①确定相似产品：考虑前述的相似因素，选择确定与新产品最为相似，且有可靠性数据的产品。

②分析相似因素对可靠性的影响：分析所考虑的各种因素对产品可靠性影响程度，分析新产品与老产品的设计差异及这些差异对可靠性的影响。

③新产品可靠性预计：根据②中的分析，确定新产品与老产品的可靠性参数的比值，当然这些比值应由有经验的专家评定。最终，根据比值预计出新产品的可靠度。

例：一台包括处理器、显示器、调制解调器和键盘的新计算机产品要在20℃的环境中工作。如表5-6的第二列数据表示了相似产品的平均故障间隔时间（MTBF）。这些相似数据是计算机在30℃的环境中工作时得到的。如果可靠性提高因子的期望值为30%（由于技术水平的提高），那么我们期望得到多大的MTBF呢？

解：通过将温度从30℃变换到20℃可以校正每种产品的MTBF，其中也包含了技术提高因子，系统的MTBF可以用以下表达式计算：

$$MTBF_S = \sum_{i=1}^{n} \frac{1}{\lambda_i}$$

式中：$MTBF_S$——系统平均故障间隔时间；

λ_i——第 i 个部件的失效率，等于 $1/MTBF_i$。

表5-6 相似产品的可靠性预计

产品	相似数据 MTBF/h	温度因子	提高因子	新产品 MTBF/h
处理器	5 000	1.1	1.3	7 150
显示器	15 000	1.1	1.3	21 450
调制解调器	30 000	1.1	1.3	42 900
键盘	60 000	1.1	1.3	85 800
系统	3 158			4 516

这种方法对于具有继承性产品（如改型产品）或其他相似的产品是比较适用的，但对于全新的产品或功能、结构改变比较大的产品就不太合适，而且这种方法的前提是相似产品具有类似的可靠性数据。

（2）*评分预计法*

组成系统的各单元可靠性由于其复杂程度、技术水平、工作时间和环境条件等不同而有所差异。评分预计法是在可靠性数据非常缺乏的情况下（可以得到个别产品可靠性数据），通过有经验的设计人员或专家对影响可靠性的几种因素评分，对评分进行综合分析而获得各单元产品之间的可靠性相对比值，再以某一个已知可靠性数据的产品为基准，预计其他产品的可靠性。应用这种方法时，时间因素一般应以系统工作时间为基准，即预计出的各单元MTBF。评分预计法包括以下3个部分：

①评分因素。评分预计法通常考虑的因素有复杂程度、技术水平、工作时间和环境条件。在工程实际中可以根据产品的特点而增加或减少评分因素。

②评分原则。我们以产品故障率为预计参数说明评分原则。评分原则如下：

a.复杂程度——它是根据组成单元的元部件数量以及它们组装的难易程度来评定，最简单的评1分，最复杂的评10分。

b. 技术水平——根据单元目前技术水平的成熟程度来评定，水平最低的评 10 分，水平最高的评 1 分。

c. 工作时间——根据单元工作的时间来评定，其前提是以系统的工作时间为时间基准。系统工作时，单元一直工作的评 10 分，工作时间最短的评 1 分。

d. 环境条件——根据单元所处的环境来评定，单元工作过程中会经受极其恶劣和严酷的环境条件的评 10 分，环境条件最好的评 1 分。

③评分法可靠性预计。已知某单元的故障率为 λ^*，则其他单元故障率 λ_i 为式 5-34：

$$\lambda_i = \lambda^* \cdot C_i \tag{5-34}$$

式中：$i=1,2,\cdots,n$——单元数；

C_i——第 i 个单元的评分系数，计算方法为式 5-35：

$$C_i = \omega_i / \omega^* \tag{5-35}$$

式中：ω_i——第 i 个单元评分数；

ω^*——故障率为 λ^* 的单元的评分数。

单元评分数的计算如式 5-36：

$$\omega_i = \prod_{j=1}^{4} r_{ij} \tag{5-36}$$

式中：r_{ij} 为第 i 个单元、第 j 个元素的评分数；

$j=1$ 为单元的复杂程度；

$j=2$ 为单元的技术水平；

$j=3$ 为单元的工作时间；

$j=4$ 为单元的环境条件。

评分预计法主要适用于产品的初步设计与详细设计阶段，可用于各类产品的可靠性预计。这种方法是在产品可靠性数据十分缺乏情况进行可靠性预计的有效手段，但其预计的结果受人为影响较大。因此，在应用时尽可能多请几位专家评分，以保证评分的客观性，以提高预计的准确性。

（3）电子元器件应力分析法

应力分析法用于产品详细设计阶段的电子元器件故障率预计，其方法是基于电子元器件的标准化和大量生产，可应用概率统计方法对某种电子元器件在实验室的标准应力与环境条件下，通过大量的试验，得出该种元器件故障率，称为

"基本故障率"。在预计电子元器件工作故障率时，应用元器件的质量等级、应力水平、环境条件等因素对基本故障率进行修正。电子元器件的应力分析法已有成熟的预计标准和手册。普通二极管的故障率计算模型如式5-37所示：

$$\lambda_p = \lambda_b \left(\pi_E \pi_Q \pi_r \pi_A \pi_{S2} \pi_c \right) \tag{5-37}$$

式中：λ_p——元器件工作故障率（1/h）；

λ_b——元器件基本故障率（1/h）；

π_E——环境系数；

π_Q——质量系数；

π_r——电流额定值系数；

π_A——应用系数；

π_{S2}——电压应力系数；

π_c——结构系数。

各π系数是按照影响元器件可靠性的应用环境类别，及其参数对基本故障率进行修正。由于利用应力分析法预计是很繁琐且费时，目前国内外已开发了相关的软件工具，利用计算机辅助预计可以大大节省人力及时间。

5.3.2 基于故障逻辑模型的系统可靠性预计

系统可靠性预计是以组成系统的各单元的预计值为基础，根据系统可靠性模型，对系统的基本可靠性和任务可靠性进行预计。对于使用以前的系统或成品（不做设计任何改进/修改）以及购买的货架产品不再进行可靠性预计，直接用其以往的统计值或可靠性指标。

（1）**基本可靠性预计**

①一般方法。基本可靠性模型为串联模型，设系统组成单元之间相互独立，则有式5-38至式5-40：

$$R_s(t_s) = R_1(t_1) \cdot R_2(t_2) \cdots R_n(t_n) \tag{5-38}$$

$$T_{BFs} = \int_0^\infty R_s(t_s) \mathrm{d}t_s \tag{5-39}$$

$$\overline{\lambda}_s = 1/\mathrm{TBFs} \tag{5-40}$$

式中：$R_s(t_s)$系统可靠度；

$R_i(t_i)$——第i个单元可靠度；

t_s——系统工作时间（h）；

t_i——第 i 个单元工作时间（h）；

T_{BF_s}——系统 MTBF（h）；

$\bar{\lambda}_s$——系统平均故障率（1/h）。

如果各单元寿命均服从指数分布，且取 $d_i = t_i / t_s$，则式 5-38 可转化为式 5-41：

$$R_s(t_s) = e^{-\lambda_1 t_1} \cdot e^{-\lambda_i t_i} \cdots e^{-\lambda_n t_n}$$
$$= e^{-(\lambda_1 d_1 + \lambda_2 d_2 + \cdots + \lambda_n d_n) t_s} \quad (5\text{-}41)$$
$$= e^{-\sum_{i=1}^{n} \lambda_i \cdot d_i t_s}$$

式中：λ_i——第 i 个单元故障率（1/h）；

d_i——第 i 个单元工作时间与系统工作时间之比。

因各单元均服从指数分布，且为串联模型，则系统必然也服从指数分布，即式 5-42：

$$R_s(t_s) = e^{-\lambda_s t_s} = e^{-\sum_{i=1}^{n} \lambda_i \cdot d_i t_s} \quad (5\text{-}42)$$

由此可得式 5-43：

$$\lambda_s = \sum_{i=1}^{n} \lambda_i d_i \quad (5\text{-}43)$$

式中：λ_s——系统故障率（1/h）；

λ_i——第 i 个单元的故障率（1/h）。

严格地说，系统内各组成单元的工作时间并非一致。例如，一架飞机，其燃油、液压、电源等系统是随飞机同时工作的，而其应急动力、弹射救生等系统则仅是在应急状态下才工作，故其相应的工作时间远远小于飞机（系统）工作时间。

在工程上，若各单元的故障率 λ_i 均是以系统工作时间为基准（称为时间基准），即 $d_i = t_i / t_s = 1.0$；或无法得知各单元故障率的时间基准，为简单起见，将系统内各单元工作时间视为相等，即得式 5-44：

$$t_1 = t_2 \cdots = t_n = t_s \quad (5\text{-}44)$$

则有式 5-45：

$$R_S(t_s) = e^{-\lambda_1 t_1} \cdot e^{-\lambda_i t_i} \cdots e^{-\lambda_n t_n}$$
$$= e^{-(\lambda_1 + \lambda_2 + \cdots + \lambda_n) t_s} = e^{-\sum_{i=1}^{n} \lambda_i \cdot t_s} \quad (5\text{-}45)$$
$$= e^{-\lambda_s t_s}$$

由此可得式 5-46：

$$\lambda_s = \sum_{i=1}^{n} \lambda_i \qquad (5\text{-}46)$$

也就是说，对于串联模型，其系统的故障率等于各单元故障率之和。另外，值得一提的是，若系统中有部分单元的工作时间少于系统工作时间，则根据式 5-46 预计的结果一定是偏保守的。

②电子元器件记数法。电子元器件记数法适用于电子设备方案论证阶段和初步设计阶段，元器件的种类和数量大致已确定，但具体的工作应力和环境等尚未明确时，对系统基本可靠性进行预计。其基本原理也是对元器件"通用故障率"的修正，具体计算步骤如下：

首先计算系统中各种型号和各种类型的元器件数目，然后再乘以相应型号或相应类型元器件的通用故障率，最后把各乘积累加起来，即可得到部件、系统的故障率。这种方法的优点是，只使用现有的工程信息，不需要详尽地了解每个元器件的应力及环境条件就可以迅速地估算出该系统的故障率，其通用公式为：

$$\lambda_s = \sum_{i=1}^{n} N_i \cdot \lambda_{Gi} \cdot \pi_{Qi} \qquad (5\text{-}47)$$

式中：λ_s——系统总的故障率（1/h）；

λ_{Gi}——第 i 种元器件的通用故障率（1/h）；

π_{Qi}——第 i 种元器件的通用质量系数；

N_i——第 i 种元器件的数量；

n——系统所用元器件的种类数目。

上述表达式 5-47 适合应用在同一环境类别的设备。如果设计所包含的 n 个单元是在不同环境中工作，则表达式 5-47 应该分别按不同环境考虑，然后将这些"环境—单元"故障率相加即为系统的总故障率。

（2）任务可靠性预计

任务可靠性预计即对系统完成某项规定任务成功概率的估计。在任务期间系统可分为不可修系统和可修系统。因此，任务可靠性预计分为不可修系统的任务可靠性预计和可修系统的任务可靠性预计。同时，对于不同任务剖面，系统工作状态、工作时间及工作环境条件有所不同，其可靠性模型也不同。所以，任务可靠性预计是针对某一任务剖面进行的。

此外，在进行任务可靠性预计时，单元的可靠性数据应当是影响系统安全和任务完成的故障统计而得出的数据,如产品的任务故障率、平均致命故障间任务时间(MTBCF)等。但当缺乏单元任务可靠性数据时,也可用基本可靠性的预计值代替,但系统预计结果偏保守。任务可靠性预计的方法有如下几种。

①可靠性框图法。可靠性框图法是以系统组成单元的预计值为基础,依据建立的可靠性框图及数学模型计算得出系统任务可靠度,具体步骤如下:

a. 根据任务剖面建立系统任务可靠性框图;

b. 应用 5.4.1 小节中的方法预计单元的故障率或 MTBCF;

c. 确定单元的工作时间;

d. 根据可靠性框图计算系统任务可靠度。

②多任务剖面任务可靠度综合计算。在任务可靠性预计时必须根据不同的任务剖面,预计其各自的任务可靠度。我们需要将各任务剖面的任务可靠度综合,预计出系统总的任务可靠度。

a. 系统各任务剖面的任务可靠度为式 5-48:

$$R_i = \prod_{j=i}^{k} R_{ij} \quad (i=1,2,\cdots,m) \tag{5-48}$$

式中:i——任务剖面的编号;

m——任务剖面数;

k——与该任务有关的系统数;

R_{ij}——第 i 个任务剖面的第 j 个系统的任务可靠度。

b. 整机完成任务成功概率(MCSP)为式 5-49:

$$\text{MCSP} = \frac{完成任务的次数}{任务总次数} \tag{5-49}$$

R_i 与任务时间有关,且各任务的执行时间也不同,可以按式 5-50 计算:

$$\text{MCSP} = \sum_{i=1}^{m} R_i \cdot \alpha_i \tag{5-50}$$

式中:α_i——第 i 个任务剖面的加权系数。

c. 加权系数 α_i 的计算为式 5-51 和式 5-52:

$$\alpha_i = n_i / n = n_i / \sum_{i=1}^{m} n_i$$

$$= (TC_i / t_i) / \sum_{i=1}^{m}(TC_i / t_i) \quad (5-51)$$

$$= (C_i / t_i) / \sum_{i=1}^{m}(C_i / t_i)$$

$$n_i = T \cdot C_i / t_i \quad (i = 1, 2, \cdots, m) \quad (5-52)$$

式中：n_i——第 i 个任务剖面在寿命期间的相对任务次数；

T——装备在寿命期间的总任务时间；

C_i——在寿命期间，第 i 个任务剖面的任务时间占装备总任务时间的比例；

t_i——第 i 个任务剖面的任务时间。

复习思考题

1. 可靠性分配的目的是什么？
2. 可靠性预计的目的和用途主要有哪些？
3. 书中介绍了几种可靠性分配的方法，各有什么特点？
4. 什么是相似产品预计法？应用此方法应具备哪些条件？
5. 什么是元器件计数预计法？应用此方法应具备哪些条件？
6. 什么是元器件应力分析预计法？应用此方法应具备哪些条件？
7. 为了进行电子设备可靠性预计，常用哪些手册？

第6章 可靠性的设计方法

6.1 电子器件的选择与控制

电子元器件、机械零部件是产品的基础组成部分,是能够完成预定功能且不能再分割的基本单元,原材料是各种基本单元(产品)基本功能赖以实现的基础,可以将零部件、元器件和原材料统称物料。一个产品就是由各种物料构成,由于元器件、零部件的数量、品种众多,因此它们的性能、可靠性、费用等参数对整个产品的性能、可靠性、寿命周期费用等影响极大。特别是大型复杂工程产品,它们的研制通常有成百上千家配套产品研制生产单位,由于不同承研单位的技术水平参差不齐、承研产品的复杂程度不同,对整个产品系统的影响不同,在产品研制过程中必须加以严格控制和管理。本节主要讲解物料的选择与控制,其中包括元器件、零部件和原材料的选择与控制。在开始之前,首先介绍几个工程中常用的词语及其含义:

①成品:一般是指完成规定的生产和检验流程后,办理完成入库手续等待销售的产品。

②货架产品:又称之为商用现成/货架产品,是指可以采购到的具有开放式标准定义接口的软件或硬件产品。

③配套产品:一般是指在大型复杂工程产品研制中,主承研单位通常无法自行完成所有子系统或组部件的研制,需要外协(分包)给相应具有资质和能力的单位(配套单位)进行研制的产品,又可进一步分为定制件(需签订技术协议)和外购件(签订采购协议)。

④供应链:是指围绕核心企业,通过对信息流、物流、资金流的控制,从采购原材料开始,制成中间产品以及最终产品,最后由销售网络把产品送到消费者

手中的,将供应商、制造商、分销商、零售商直到最终用户连成一个整体的功能网链结构。

6.1.1 零部件的选择与控制

产品的研制通常需要一条由各个行业、专业等企业单位构成的供应链,这些单位直接或间接地参与到最终整个产品的零部件(包括原材料、元器件等)的研制和生产中。因此,为生产出可靠的产品,所选取的零部件必须具有较高的可靠性水平,并且能够使产品在其整个寿命周期环境下达到和保持预期的功能和性能。本小节和后面两小节将分别介绍零部件、元器件和原材料的选择和控制,包括产品研制中实际选择过程中的关键因素、基本概念、基本思路和过程等内容。

(1)零部件的评估过程

零部件的选择和控制通常要由企业单位的一个专门的小组来实施,该小组负责制定零部件的评估准则和可接受水平,用于指导零部件的选择。如果某备选零部件满足预先确定的目标要求,并且在进度要求上符合成本、可用性等多方面要求,则会被选用。否则,还需确认该零部件的备选资源库或提供方法帮助供应商生产出满足各项要求的零部件产品。

通常,产品研制单位都会有一份性能和可靠性均经过验证的零部件首选或优选清单。清单中的零部件通常比较成熟,并且拥有生产、装配和现场使用的成功经验。因此,该方法是一种保守的零部件选择方法。然而,由于新技术、新工艺、市场、进度、原料和价格等原因,成熟的零部件可能不适用或已过时。此时,生产一个新产品或产品改进,则可能需要选择新的零部件。选择合适的零部件,除了零部件生产商实施的评估外,通常还需要由用户方或委托第三方对零部件进行评估。

如果零部件的成分或工艺发生了变化,则零部件的评估结果可能不再有效,需要重新进行评估,以确保零部件的持续有效性。

如果零部件的评估结果表明不能满足相关要求,则需要确定能否获得可接受的替代零部件,在没有可替代零部件的情况下,需要采取一些干预手段,如与零部件的供应商进行协商或进行专门的筛选等,以减小可能出现的风险。

①性能评估。性能评估的目标是为了评价零部件满足规定功能需求(结构、机械、电、热等方面的需求)的能力。一般而言,零部件应通常工作在额定工作条件范围内(通常是上限和下限范围,如额定电压(220 ± 5)V,额定工作温度范围为$-50\sim85℃$),超出此范围的零部件无法正常工作。零部件的使用方应保

证在其产品设计中，即使出现最坏的情况，零部件也不会在超出额定工作条件之外的环境下运行。

②质量评估。通常，产品的质量（如前所述，这里的质量是狭义的质量）与产品的工艺有关，质量缺陷可能会导致产品过早地发生故障，为了保证产品达到预期的可靠性，所选择的零部件首先应该满足质量要求，可以说，没有质量就谈不上可靠性。质量是通过检测零部件生产的工序控制和出厂质量管理来进行评估的。与质量相关的知识内容可参考质量相关资料，这里仅对工序能力指数和平均检出质量两个概念进行简要介绍。

a. 工序能力指数 C_{pk}。一般而言，工序的数据控制是通过逐个消除导致过大差异产生的特殊原因来实现的，进而达到产品加工/工艺质量的目的。工序能力指数建立了工序参数和产品设计规范之间的关系，通常用来度量满足规范的工序能力水平。

工序能力指数使用一个参数来度量稳定的工序能满足规范的程度。假设下规范限为 LSL，上规范限为 USL，σ 是工序的标准差，若定义工序能力指数为式6-1：

$$C_p = \frac{USL - LSL}{6\sigma} \quad (6-1)$$

式中，C_p 为潜在工序能力，显然上式并不包含工序的均值或期望值 μ，也不包含反映基本质量特性目标值的任何信息。

下面定义 C_{pk} 来度量一个均值与规范中心不重合时的实际工序能力，即式6-2：

$$C_{pk} = \min\left[\frac{USL - \mu}{3\sigma}, \frac{\mu - LSL}{3\sigma}\right] \quad (6-2)$$

C_{pk} 通过选择对于最接近工序均值 μ 的规范的单侧 C_p，将工序中心的影响考虑进来。通过统计过程控制的相关知识，可使用估计值 $\hat{\mu}$ 和 $\hat{\sigma}$ 代替 μ 和 σ，得出 C_p 和 C_{pk} 的估计值。

除了工序能力指数，还可以根据一个标准差单位中工序均值和规范上下限的距离来描述工序能力，即式6-3：

$$Z_U = \frac{USL - \mu}{\sigma}, Z_L = \frac{\mu - LSL}{\sigma} \quad (6-3)$$

上式中 Z 值可以通过标准正态分布表来查得，由此来估计满足正态分布的统计控制工序中不合格工序所占的比例。Z 值还可以转化为工序能力指数 C_{pk}，即式6-4：

$$C_{\text{pk}} = \frac{Z_{\min}}{3} = \frac{1}{3}\min(Z_U, Z_L) \qquad (6\text{-}4)$$

一个满足 $Z_{\min} = 3$ 的工序，可以被描述为具有能力指数为 $\mu + 3\sigma$ 的工序，对应的 $C_{\text{pk}} = 1$。如果 $Z_{\min} = 4$，则该工序能力指数为 $\mu + 4\sigma$，且对应的 $C_{\text{pk}} = 1.33$。

例：给定工序：$\mu = 0.738, \sigma = 0.0725, \text{USL} = 0.9, \text{LSL} = 0.5$。求出该过程中不合格项所占的比例和 C_{pk} 值，并讨论各种工序的改进措施。

解：由于该工序有双侧规范约束，即：

$$Z_{\min} = \min(Z_U, Z_L) = \min\left(\frac{\text{LSL} - \mu}{\sigma}, \frac{\mu - \text{LSL}}{\sigma}\right)$$

$$= \min\left(\frac{0.9 - 0.738}{0.075}, \frac{0.738 - 0.5}{0.0725}\right) = \min(2.23, 3.28) = 3.23$$

不合格工序部分所占比例 p 可以由下式计算出，即：

$$p = 1 - \Phi(2.23) + \Phi(-3.28) = 0.0129 + 0.0005 = 0.0134$$

进而可得到工序能力指数 $C_{\text{pk}} = \dfrac{Z_{\min}}{3} = 0.74$。

如果工序可以调节到靠近规范限的中心，即使 σ 的数值没有减小，不合格工序的比例也将减小，即：

$$Z_{\min} = \min(Z_U, Z_L) = \min\left(\frac{\text{LSL} - \mu, \dfrac{\mu - \text{LSL}}{\sigma}}{\sigma}\right)$$

$$= \min\left(\frac{0.9 - 0.7}{0.0725}, \frac{0.7 - 0.5}{0.0725}\right) = 2.76$$

则不合格工序所占比例为：

$$p = 2\Phi(-2.76) = 0.0058$$

工序能力指数增加到 $C_{\text{pk}} = \dfrac{Z_{\min}}{3} = 0.92$。

从长远来看，为改善工序的实际性能，应该减小一般原因导致的工序变化，即能力标准是 $\mu + 4\sigma (Z_{\min} \geqslant 4)$，均值和规范中心重合的工序的工序标准差为：

$$\sigma_{\text{new}} = \frac{\text{USL} - \hat{\mu}}{Z_{\min}} = \frac{0.9 - 0.7}{4} = 0.05$$

因此，采取措施将工序标准差从 0.0725 减小到 0.05，减小幅度为 31%。

b. 平均检出质量。平均检出质量 AOQ 指通过抽样获得的同类零部件的平均不合格率。它体现了在最终的质量控制检查中，通过抽样试验确定的不满足规范要求的零部件的总数。这个数值也反映了用户将接收的有缺陷零部件的估计数量。AOQ 一般用百万分率（$\times 10^{-6}$）来表示。

AOQ 反映了零部件生产商质量管理系统是否有效，一个有效的质量管理系统可以把不合格的生产产品数和出厂产品数减少到最低。高 AOQ 值代表高缺陷数，意味着低效的质量管理；反之，则反映零部件的高质量。

如果所有零部件都在出厂前进行检测，理论上 AOQ 应为 0，所有不符合要求的零部件应该被剔除。但是，由于生产量巨大，不能对所有产品都进行检测，实际上是对一定量的样本（按照一定的抽样原则）进行检测，然后根据测试结果进行评估。

③可靠性评估。可靠性评估是一种获取零部件在其寿命周期条件下某段特定时间内，满足性能和功能要求能力的有关信息的方法。如果零部件的参数和功能不能满足要求，则必须选择其他不同的零部件，或者对零部件进行必要的改进，如减少零部件所承受的载荷、增加冗余或进行维护等。

可靠性评估可以采用不同的数据来源，如零部件供应商的测试或试验数据、专门的可靠性试验（如可靠性鉴定试验、可靠性验收试验等）、寿命试验数据，还可以是基于仿真数据的可靠性虚拟评估（基于故障物理模型的方法）。关于可靠性试验、可靠性评估的具体内容可以参考相关书籍。

无论采取哪种形式的方法和数据对可靠性进行评估，都必须对影响零部件的每个适用的故障机理进行分析和研究。如果可靠性评估的结果不能够保证零部件的可靠性，那么产品设计者必须考虑备用零部件或重新设计产品。如果该零部件必须投入使用，则需对该零部件进行重新设计，如考虑热和机械载荷的设计、考虑振动和冲击的设计，以及阻尼和装配参数的改进等。如果产品的设计状态发生了改变，则零部件的可靠性必须重新进行评估。

（2）零部件的控制和管理

如果零部件经过评估判定已经合格，还必须对产品内部的零部件进行寿命周期管理，一般包括供应链管理、废弃评估、制造和装配反馈、合格供应商管理和现场失效的根原因分析。

在供应链管理中，变更带来的风险是非常重要的。引起变更的原因有很多，如消费者的需求转变、新的市场挑战、新技术进步、常规需求和相关标准的变更等，所有这些变更都会影响供求关系的相互作用。

与产品可靠性有关的变更包括组成供应链的供方厂商变更、零部件生产和质量控制的任意工艺和材料的变更、零部件组装成产品的流程中的任一环节的变更等，这些变更都会影响零部件的可靠性。

在评估生产商供应链时，生产商的质量控制政策应从以下5个方面进行评估，即：工艺控制；处理；储备和运输；修正和防范措施；产品跟踪；产品变更通报。这5个方面包含了供应链监测和控制的最低标准。

零部件在整个寿命期内都发生变更。这些变更通常通过制造商的变更控制委员会来进行管理，来自不同生产商的变更控制委员会制定的变更管理政策通常也是不一样的。根据零部件所处的寿命周期阶段不同，对其进行的变更以及导致这些变更的动机也会有所不同。例如，一个典型的零部件会依次经历推广、成长、成熟、使用率下降和停产等寿命周期阶段。

在零部件推广期，实施的变更绝大部分是设计改进和生产工艺调整。零部件将会不断地进行改进以满足规格参数的要求，获得经济利益并满足可靠性和质量要求。在零部件成长和成熟期，零部件的产量是很高的，变更主要是针对改进零部件和使成本最小化来进行，可能会利用特征增强以保持市场竞争力，并开拓零部件的新市场。零部件的原材料产地的变更，制造、装配和测试地点的变更能够反映不断变更的市场需求和容量在使用率下降期，零部件的销量开始降低，并且产品制造商试图将消费者的兴趣引到新的零部件和技术上来。当销售量降低到某点时，生产该零部件不再产生利润时，零部件不再生产。当零部件不再生产时，它就进入了停产期，零部件不再销售，用户必须使用库存的零部件，或者从配件市场上获取零部件，或者找到替代品，或者重新设计产品。

6.1.2 元器件的选择与控制

电子元器件的可靠性分为固有可靠性和使用可靠性两部分。固有可靠性主要靠设计和制造等工作来保证，这是元器件生产厂的任务。元器件一般都具有若干质量等级，质量等级不同，元器件的可靠性水平也不同，因此对元器件的质量等级选择不当会造成其可靠性水平不符合要求。此外，元器件的使用有误，容易造成其电性能故障，如在使用中对元器件性能掌握不够、未考虑降额设计和热设计、测试时方法不当或测试仪器接地不当等情况，都会大大增加元器件的使用故障率。

为了保证电子设备及系统的可靠性，必须对元器件的选择及使用加以控制。本小节在叙述电子元器件质量等级基本概念的基础上，对元器件的选择以及正确使用等作进一步介绍。

（1）电子元器件的质量等级

元器件的质量等级是指元器件装机使用之前，按产品执行标准或供需双方的技术协议，在制造、检验及筛选过程中对其质量的控制等级。一般来说，质量等级越高，其可靠性水平也越高。

国产元器件的质量等级分为 A、B、C 3 个档次，每一档次又分为几个不同的级别。不同类型的元器件，相同质量等级的质量要求也有所不同。集成电路的质量等级及其说明可参见表 6-1，质量要求说明栏中的 S 级、B 级、B_1 级为器件的质量保证等级；对于无源器件的质量等级，本小节以电阻器为例来说明，质量等级及其说明可参见表 6-2，质量要求说明栏中的 Q 级、L 级、W 级为器件的故障率等级。

表6-1　半导体集成电路质量等级

质量等级		质量要求说明	质量要求补充说明
A	A_1	符合 GJB597A 列入质量认证合格产品目录的 S 级产品	—
	A_2	符合 GJB597A 列入质量认证合格产品目录的 B 级产品	—
	A_3	符合 GJB597A 列入质量认证合格产品目录的 B_1 级产品	—
	A_4	符合 GB4589.1 的Ⅲ类产品，或经中国电子元器件质量认证委员会认证合格的Ⅱ类产品	按 QZJ840614～840615 "七专"技术条件组织生产的Ⅰ、ⅠA类产品； 符合 SJ331 的Ⅰ、ⅠA类产品
B	B_1	按 GBJ597A 的筛选要求进行筛选的 B_2 质量等级的产品；符合 GB4589.1 的Ⅱ类产品	按"七九•五"七专质量控制技术协议组织生产的产品； 符合 SJ331 的Ⅱ类产品
	B_2	符合 GB4589.1 的Ⅰ类产品	符合 SJ331—83 的Ⅲ类产品
C	C_1	—	符合 SJ331—83 的Ⅳ类产品
	C_2	低档产品	

表6-2 电阻器质量等级

质量等级		质量要求说明	质量要求补充说明
A	A₁Q	符合 GJB 244 列入质量认证合格产品目录的 Q 级产品	—
	A₁L	符合 GJB 244 列入质量认证合格产品目录的 L 级产品	—
	A₁w	符合 GJB 244、GJB 601、GJB 920 列入质量认证合格产品目录的产品	—
	A₂	符合 GB/T 5729、GB 7153、GB 6663、GB 10193、GB/T13189、GB/T15654 且经中国电子元器件质量认证委员会认证合格的产品	按 QZJ 840629、QZJ 840630 "七专"技术条件组织生产的产品
B	B₁	有附加质量要求的 B₂ 质量等级的产品	按"七九·五"七专质量控制技术协议组织生产的产品
	B₂	符合 GB/T 5729、GB 7153、GB 6663、GB 10193、GB/T 13189、GB/T 15654 的产品	符合 SJ75、SJ 904、SJ 1329、SJ 2308、SJ 1156、SJ 1553、SJ1557、SJ 1559、SJ 2028、SJ 2307、SJ 2309、SJ 2742 的产品
C		低档产品	—

关于各类器件型号命名的详细信息，可查阅有关的标准和规范，这里不再叙述。

(2) 质量等级对元器件可靠性的影响

元器件质量直接影响其故障率，不同质量等级对元器件故障率的影响程度用质量系数 π_Q 来表示。在其他条件相同的情况下，由于质量的差异，可造成其故障率相差甚大。质量等级越低，对应的质量系数数值就越大，表示元器件的工作故障率就越高，可靠性也就越低。因此，元器件的质量等级选择非常重要。质量等级与元器件的功能、性能参数一样，是选择元器件的基本依据之一。

(3) 电子元器件的选择

元器件的选择不当会造成所购买的元器件可靠性水平不符合要求，从而影响到设备、分系统、系统的可靠性，因此，必须对元器件的选择进行控制。对元器件选择进行控制的前提是，存在各种质量等级不同的元器件和各种在控制过程中可以依据的规范及标准，这将涉及对元器件生产和制造进行控制，以及制定各类规范和标准等控制措施。电子元器件的选择应依据以下原则：

① 应制定型号优选元器件目录；

② 应根据产品的电性能、可靠性、功率、体积、质量、费用等因素，在《型

号元器件优选目录》或有关部门制定的《元器件优选目录》选择适合型号中设备用的元器件；

③不允许选择型号规定禁用的元器件和尽量减少选择限制使用的元器件；

④选用《型号元器件优选目录》外的元器件，必须按规定办理审批手续。

（4）电子元器件的正确使用

能否正确使用元器件已成为影响电子元器件、设备、系统可靠性的重要问题，应引起元器件使用者和可靠性工作者的高度重视。下面列举若干最主要的使用问题及其解决方法。

①对元器件的性能掌握不够。随着电子技术突飞猛进的发展，新器件竞相出现，在性能提高的同时，往往容易产生新的使用问题。尤其是进口元器件，常缺乏详细的技术资料，在使用中往往由于外围电路的组配元器件类型和参数选择不当造成元器件过应力损伤，并最终导致损坏。因此，要深入掌握所使用元器件的技术性能，并严格控制新器件的使用。

②降额使用。经验表明，元器件故障的一个重要原因是由于它工作在允许的应力水平之上。因此，为了提高元器件的可靠性，延长其使用寿命，必须有意识地降低元器件的工作应力（电、热、机械应力），以使实际使用应力低于其规定的额定应力。降额使用对电子产品尤为重要，降额设计是可靠性设计中不可缺少的组成部分。

③热设计。电子元器件的热故障是由于高温导致元器件的材料劣化而造成的。由于现代电子设备所用的电子元器件的组装密度越来越高，使元器件之间通过传导、辐射和对流产生了热耦合。这种热应力已成为影响元器件可靠性的重要因素之一。因此，在元器件的布局、安装过程中必须采取有效的热设计和环境保护设计。

④抗辐射问题。在航天器中使用的元器件，通常要受到来自太阳系和银河系的各种射线辐射；此外，在核爆环境中，元器件将受到高能中子和 γ 射线的损伤，进而使整个电子系统出现故障。因此，设计人员必须考虑辐射的影响，在需要时采用抗辐射加固的半导体器件。

⑤防静电损伤。由于摩擦、电场感应等原因产生的静电电压有时可能会高达几千伏，当电子元器件与静电带电体接触时，带电体就会通过器件的管脚放电，损坏器件的内部结构，引起器件故障。不仅 MOS 器件对静电放电损伤很敏感，在双极器件和混合集成电路中，静电放电也会造成严重的后果。为解决该问题，在器件的设计上和使用中都应该采取抗静电措施，如在器件的输入端加上防静电损伤的保护网

络，在保管、发放、生产和使用等过程中，工作人员必须全部采取防静电措施等。

⑥操作过程中的损伤问题。在检测、调试等操作过程中，由于测试不当或测量仪器接地不当，会对元器件产生电应力损伤。例如：对于 MOS 器件，如果测试设备的电源，特别是数字电压表接地不当，常产生不该有的毛刺脉冲而损坏器件；在手动多刀波段开关换挡瞬间，若设计不周，也易造成元器件损伤而故障。因此，在调试过程中，应注意仪器仪表的正确使用。

操作过程中还容易给半导体器件和集成电路带来机械损伤，如引线变形、封装破损等，这种情况应在结构设计及装配和安装时引起重视。

⑦储存和保管问题。储存和保管不当是造成元器件可靠性降低或故障的重要原因，必须予以重视并采取相应的措施。例如：库房的温度和湿度应控制在规定的范围内，不应有害气体存在；存放器件的容器应采用不易带静电及不引起器件化学反应的材料制成；定期检查有测试要求的元器件。

6.1.3 原材料的选择与控制

原材料是各种基础产品的基本功能赖以实现的基础，而原材料在一定的工作和环境条件下，尤其是恶劣和严酷的环境条件下，极易产生各种可靠性问题，对整个产品的可靠性和寿命具有重要的影响。此外，原材料的选择还与产品的性能、成本、进度等密切相关，必须对其加以控制。在通常的产品设计过程中，通过贯彻标准件的选择和使用等准则、采取标准化和规范化等设计措施，对机械零部件的选择和控制已给予足够的重视和较为充分的考虑。与此同时，在标准件的选择和使用准则中通常包括相应原材料的选用标准。本小节主要对原材料的选择和控制加以阐述和说明。

工程实际中可供选择的原材料种类和牌号众多（包括金属材料、非金属材料、复合材料等），如何选择一款合适的材料将对零部件的生产制造以及产品整体性能和可靠性水平的发挥产生基础性的影响。不同种类原材料的选择与控制具有各自不同的特点和原则，下面通过对通常选择原材料的一般性原则进行简要介绍，使读者对原材料的选择与控制工作有所认识。

①根据零部件的使用工况（含主要功能）选择原材料。例如，确定零部件是应用于轴承或磨损件（承受摩擦力作用）还是结构件（承受静载荷或动载荷作用），通过确定零部件的主要功能及其承受的载荷类型，可以帮助我们选择材料的种类。在确定零部件的使用工况后，可以通过确定零部件主要功能所要求的材料力学性能等来进一步减小原材料的选择范围。

②应考虑典型工况和极限工况条件下原材料的热性能要求。原材料的热阻特

性可用热变形温度和连续工作温度等来描述,其中 HDT 是原材料发生软化的温度指示值,一般用于描述在较高压力无约束条件下工作零部件的最高温度极限。连续工作温度是指原材料在高于该温度值之上长期工作一段时间后,其物理特性会发生显著的、永久的退化。

③应考虑原材料在加工、使用以及清洁等过程中可能暴露的化学环境条件影响。由于原材料的成分以及加工过程温度、工艺时间和压力等因素都会影响原材料的适用性,因此很难对原材料的化学兼容性进行准确的预测。建议应该在零部件的最终使用环境条件下进行适当的试验。

④应考虑原材料的其他特性要求,包括相对耐冲击性/韧性、热膨胀率、尺寸稳定性。

⑤符合法律法规和管理机构的要求(无铅、低碳、绿色、环保、易降解)等。例如:工程塑料随温度变化而膨胀或收缩的程度是包括钢在内的金属材料的 10~15 倍;线性热膨胀系数可用于评估工程塑料的热膨胀率;弹性模量和吸水率对原材料的尺寸稳定性也有一定的影响,在选择原材料时一定要考虑湿度和水汽等的影响。

⑥应考虑不同的工艺过程对原材料物理特性的影响。即使选择的原材料是相同的,但其经过不同的工艺过程后,在材料的物理特性上会存在一定的差异。

⑦应考虑所选原材料的机械加工性。机械加工性也是原材料选择的一个重要判据。例如填充玻璃及碳纤维的塑料较之无填充物的塑料,其加工过程中的耐磨性和缺口敏感性更强,加工的稳定性也较强。

⑧应综合考虑,确认所选原材料是否达到规格要求。对所选原材料的各方面特性进行验证,以确保达到零部件的设计要求。此外,所有原材料都有其固有的局限性,在设计零部件时要给予充分考虑。

6.2 降额和裕度设计

6.2.1 基本思想和原理

当产品工作应力超过额定应力时,很可能引起故障,导致可靠性水平不高。通过提高产品的额定应力或者降低其工作应力,使产品的工作应力与额定应力之间存在一定的安全裕度,可以提高其可靠性水平。

对于电子产品，影响元器件可靠性的主要因素为电应力和温度应力等，通过降额设计可以使元器件电流、电压或温度等关键参数以一定的比例（降额因子）低于其额定值。对于机械产品，基于应力-强度干涉理论，采用裕度设计方法可以有效地保证其许用强度以一定的比例（安全系数）大于内部应力。本节将重点介绍降额设计与裕度设计方法。这类设计方法还可以推广到其他领域，需要根据本领域的特点来选择相应的工作应力。

6.2.2 降额设计

（1）降额设计过程

电子产品的故障对其电应力和温度应力比较敏感，所以电子产品的降额设计就是使元器件或设备所承受的电应力和温度应力，适当地低于其额定值，从而达到降低基本故障率、提高使用可靠性的目的。电子产品降额设计的主要步骤如下：

①确定降额准则。降额准则是降额设计的依据。对于国产电子元器件一般采用 GJB/Z 35—93 进行降额设计。

②确定降额等级。降额等级表示元器件的降额程度。通常元器件有一个最佳的降额范围，在此范围内，元器件工作应力的降额对其故障率的下降有显著的改善，易于实现且不会增加太多成本。推荐的降额等级及其适用情况见表6-3。

表6-3 降额等级的划分

降额等级情况	Ⅰ级	Ⅱ级	Ⅲ级
降额程度	最大	中等	最小
使用可靠性改善	最大	适中	较小
适用情况	设备故障导致人员伤亡或装备与保障设备的严重破坏	设备故障引起装备与保障设备损坏	设备故障不会造成人员伤亡和设备的破坏
适用情况	对设备有高可靠性要求	对设备有较高可靠性要求	
	采用新技术、新工艺设计	采用某些专门设计	采用成熟的标准设计
	故障设备无法或不宜维修	故障设备的维修费用较高	故障设备可迅速、经济地进行修复
	设备内部结构紧凑，散热差		
降额设计的实现	较难	一般	容易
降额增加费用	略高	中等	较低

③确定降额参数。降额参数是指对降低元器件故障率有关的元器件参数（电压、电流、功率等）和环境应力（温度）参数。降额参数是由元器件的工作故障率模型确定的，各种元器件的降额参数并不都一样，通常为 3～7 项。表 6-4 给出了部分国产元器件类型的降额参数。一般要求元器件的降额应满足某降额等级下各项降额参数的降额量值的要求，在不能同时满足时，应尽量保证对故障率下降起关键影响的元器件参数的降额量值。

④确定降额因子。降额因子是指元器件工作应力与额定应力之比。降额因子一般小于 1，若等于 1，则没有降额。降额因子的选取有一个最佳范围，一般应力比为 0.5～0.9，在这个范围内，基本故障率下降很多，一旦超出这个范围，元器件故障率的下降很小。表 6-4 给出了部分国产元器件针对三类降额等级的降额因子。

表6-4　部分国产元器件降额参数及降额因子

元器件种类			降额参数	降额等级		
				I	II	III
集成电路	模拟电路	放大器	电源电压	0.70	0.80	0.80
			输入电压	0.60	0.70	0.70
			输出电流	0.70	0.80	0.80
			功率	0.70	0.75	0.80
			最高结温 /℃	80	95	105
		比较器	电源电压	0.70	0.80	0.80
			输入电压	0.70	0.80	0.80
			输出电流	0.70	0.80	0.80
			功率	0.70	0.75	0.80
			最高结温 /℃	80	95	105
		电压调整器	电源电压	0.70	0.80	0.80
			输入电压	0.70	0.80	0.80
			输入输出电压差	0.70	0.80	0.85
			输出电流	0.70	0.75	0.80
			功率	0.70	0.75	0.80
			最高结温 /℃	80	95	105
集成电路	模拟电路	模拟开关	电源电压	0.70	0.80	0.85
			输入电压	0.80	0.85	0.90
			输出电流	0.75	0.80	0.85
			功率	0.70	0.75	0.80
			最高结温 /℃	80	95	105

续　表

元器件种类			降额参数	降额等级		
				Ⅰ	Ⅱ	Ⅲ
集成电路	数字电路	双极型电路	频率	0.80	0.90	0.90
			输出电流	0.80	0.90	0.90
			最高结温 /℃	85	100	115
		MOS型电路	电源电压	0.70	0.80	0.80
			输出电流	0.80	0.90	0.90
			频率	0.80	0.80	0.90
			最高结温 /℃	85	100	115
	混合集成电路		厚膜功率密度 /W·cm^{-2}	7.5		
			薄膜功率密度 /W·cm^{-2}	6.0		
			最高结温 /℃	85	100	115
	大规模集成电路		最高结温 /℃	改进散热方式以降低结温		
分立半导体器件	晶体管	反向电压	一般晶体管	0.60	0.70	0.80
			功率 MOSFET 的栅源电压	0.50	0.60	0.70
		电流		0.60	0.70	0.80
		功率		0.50	0.65	0.75
		功率管安全工作区	集电极－发射极电压	0.70	0.80	0.90
			集电极最大允许电流	0.60	0.70	0.80
		最高结温 T_{jm} /℃	200	115	140	160
			175	100	125	145
			≤150	$T_{jm}-65$	$T_{jm}-40$	$T_{jm}-20$
	微波晶体管		最高结温	同晶体管		
分立半导体器件	二极管（基准管除外）	反向电压（不适用于稳压管）		0.60	0.70	0.80
		电流		0.50	0.65	0.80
		功率		0.50	0.65	0.80
		最高结温 T_{jm} /℃	200	115	140	160
			175	100	125	145
			≤150	$T_{jm}-60$	$T_{jm}-40$	$T_{jm}-20$
	微波二极管基准二极管		最高结温	同二极管		

续 表

元器件种类		降额参数		降额等级 I	降额等级 II	降额等级 III
分立半导体器件	可控硅	电压		0.60	0.70	0.80
		电流		0.50	0.65	0.80
		最高结温T_{jm}/℃	200	115	140	160
			175	100	125	145
			≤150	T_{jm}^{-60}	T_{jm}^{-40}	T_{jm}^{-20}
	半导体光电器件	电压		0.60	0.70	0.80
		电流		0.50	0.65	0.80
		最高结温T_{jm}/℃	200	115	140	160
			175	100	125	145
			≤150	T_{jm}^{-60}	T_{jm}^{-40}	T_{jm}^{-20}
固定电阻器	合成型电阻器	电压		0.75	0.75	0.75
		功率		0.50	0.60	0.70
		环境温度		按元件负荷特性曲线降额		
	薄膜型电阻器	电压		0.75	0.75	0.75
		功率		0.50	0.60	0.70
		环境温度		按元件负荷特性曲线降额		
	电阻网络	电压		0.75	0.75	0.75
		功率		0.50	0.60	0.70
		环境温度		按元件负荷特性曲线降额		
	线绕电阻	电压		0.75	0.75	0.75
		功率	精密型	0.25	0.45	0.60
			功率型	0.50	0.60	0.70
		环境温度		按元件负荷特性曲线降额		

⑤进行降额分析与计算。进行降额分析与计算的步骤如下：

a. 根据设备应用的范围，确定所选用元器件的降额等级；

b. 按照型号规定的降额等级，明确元器件的降额参数和降额量值；

c. 利用电/热应力分析计算或测试来获得温度值和电应力值；

d. 按元器件手册的数据，获得元器件的额定值，再考虑降额系数，获得元器件降额后的允许值；

e. 将上述第 c、d 步中两值进行比较，就可知每项元器件是否达到降额要求。

若未达到元器件降额的要求，则应更改设计，采用额定值更大的元器件或设法降低元器件的使用应力值。因受条件限制，降额后仍未达到降额要求的个别元器件，经分析研究和履行有关审批手续后，方可允许暂时保留使用。

（2）示例

例：对某型国产运算放大器进行Ⅰ级降额设计。

解：从数据手册上查得某型号运算放大器参数的额定值如下：

正电源电压 V_{CC}=+22 V；负电源电压 V_{EE}=-22 V；输入差动电压 V_{ID}=+20 V；输出短路电流 I_{OS}=20 mA；最高结温 T_{jm}=1 500 ℃；热阻 θ_{JC}=160 ℃；总功率 P_{tot}=500 mW。

在 70 ℃以上，按 -6.25 mW/℃降额。根据集成电路的降额准则以Ⅰ级降额为例，计算得出：

正电源电压 V_{CC}=+15.4 V；负电源电压 V_{EE}=-15.4 V；输入差动电压 V_{ID}=+12 V；输出短路电流 I_{OS}=14 mA；最高结温 T_{jm}=80 ℃；总功率 P_{tot}=350 mW。

根据"输入电压在任何情况下不得超过电源电压"的原则，输入差动电压 V_{ID} 应不大于 ±15V，Ⅱ级和Ⅲ级降额的计算可依次类推。

6.2.3 裕度设计

在机械可靠性设计领域，为保证结构的安全可靠，在设计中引入一个大于1的安全系数，以试图保障机械零件不发生故障，这种设计方法就是裕度设计方法，通常也被称为安全系数法。安全系数法直观、易懂、使用方便，所以至今仍被广泛采用。本书介绍两种常用的安全系数法：中心安全系数法和可靠性安全系数法。

（1）安全系数法

①中心安全系数法。中心安全系数 n_m 定义为：结构材料强度极限的样本均值与危险截面应力样本均值的比值，即式 6-5：

$$n_m = \frac{\mu_r}{\mu_s} \tag{6-5}$$

式中：μ_r——结构材料强度极限的样本均值（MPa）；

μ_s——危险截面应力样本均值（MPa）。

中心安全系数 n_m 没有定量地考虑应力与强度的分散性。当应力与强度的分散性较强时，中心安全系数就不能反映客观的情况，即使 n_m 足够大，其可靠度也可能较低。

②可靠性安全系数法。可靠性安全系数 n_R 定义为：指定可靠度 R_r 对应的构件材料强度下限值 r_{min} 与可靠度为 R_s 下应力的上限值 S_{max} 的比值，即式 6-6：

$$n_R = \frac{r_{min}}{s_{max}} \qquad (6\text{-}6)$$

对于静强度下的结构，考虑参数的随机不确定性，假设应力和强度服从正态分布，则有式 6-7：

$$n_R = \frac{1-\Phi^{-1}(R_r)C_r}{1+\Phi^{-1}(R_s)C_s} n_m \qquad (6\text{-}7)$$

式中：$C_r = \dfrac{\sigma_r}{\mu_r}$——强度变异系数；

σ_r——结构材料强度极限的样本方差（MPa）；

μ_r——结构材料强度极限的样本均值（MPa）；

$C_s = \dfrac{\sigma_s}{\mu_s}$ 应力变异系数；

σ_r——危险截面应力样本方差（MPa）；

μ_s——危险截面应力样本均值（MPa）；

$\Phi(X)$——标准正态分布的分布函数。

R_s、R_r 的选取，可根据设计要求、零件的服役状况、材料质量的优劣和经济性等来决定，如材料的质量好些或构件的尺寸控制放宽些，强度的可靠度 R_r 就可取得小些，相应的 n_R 会增大。通常一般机械结构设计规范取 $R_s = 0.99$，$R_r = 0.95$，相应有式 6-8：

$$n_R = \frac{1-1.645C_r}{1+2.326C_s} n_m \qquad (6\text{-}8)$$

可靠性安全系数法同时考虑了材料强度与载荷（应力）的分布特性，将 R_s、R_r 的选取与对应材料的强度试验和实测载荷的要求联系起来，与常规安全系数法相比，更能接近实际情况保证结构的安全，且同样具有工程应用简单实用的优点。

（2）示例

例：某齿轮强度和应力均符合正态分布，强度 $r \sim N$（100，10），应力 $r \sim N$（50，5），取 $R_s = 0.99$，$R_r = 0.95$，计算其中心安全系数和可靠性安全系数。

解：中心安全系数：

$$n_m = \frac{\mu_r}{\mu_s} = \frac{100}{50} = 2$$

可靠性安全系数：

$$n_R = \frac{1-1.645C_r}{1+2.326C_s}n_m = \frac{1-1.645C_r}{1+2.326C_s}n_m = \frac{1-1.645\times 0.1}{1+2.326\times 0.1}\times 2 = 1.356$$

6.3 余度（冗余）设计

6.3.1 基本思想和原理

余度设计是获得高任务可靠性的设计方法之一。采用余度设计的产品中通常具有一套以上能够完成规定功能的单元，只有当几套单元都发生故障时整个产品才会丧失功能，进而达到提高产品任务可靠性的目的。其基本思想是，通过采用两个或两个以上的同样部件或单元，正确、协调地完成同一功能/任务，即以可靠性较低的基础元器件或零部件来构造具有较高任务可靠性的产品/系统。余度设计采用增加多余的资源，以获得较高的任务可靠性，通常又称之为冗余设计。下面几个例子将对不同余度结构形式对产品可靠性的影响进行分析，从而进一步说明余度设计的原理及基本原则。

例：试分析简单并联余度结构对产品可靠度的影响，其可靠性框图如图6-1所示。

解：该产品的系统可靠度为：

$$R_s(t) = 1 - \prod_{i=1}^{n}[1-R_i(t)]$$

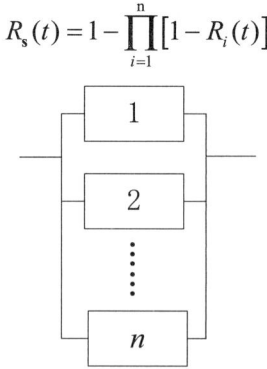

图6-1 简单并联结构系统可靠性框图

在单元可靠度不变的情况下，随着余度数 n 值的增加，系统任务可靠度增大。

但增加的幅值随余度数增加而减小。虽然产品的任务可靠性会随着余度数的增加而有所增加，但相应的检测、判断隔离和转换装置必然也会增多，会使产品的基本可靠性降低，因此需要在任务可靠性与基本可靠性之间进行权衡。同时，还要考虑使用、维护和保障条件、重量、体积和功耗限制等多方面因素，进行综合权衡分析后确定合理的余度数量。

简单并联余度结构具有如下缺点：要考虑负载均分问题，难以防止故障影响的扩散；余度数增加将导致成本、重量等指标也以 n 倍增加。特别是机械系统采用并联结构时，尺寸、重量、价格都随并联数 n 成倍地增加，因此不如在电子、电信设备中用得广泛。设计中常采用的余度数也应过多，例如在动力装置、安全装置、制动装置采用并联时，常取 $n = 2 \sim 3$。

例：试分析图6-2中"并串联"和"串并联"对产品可靠度影响的不同。

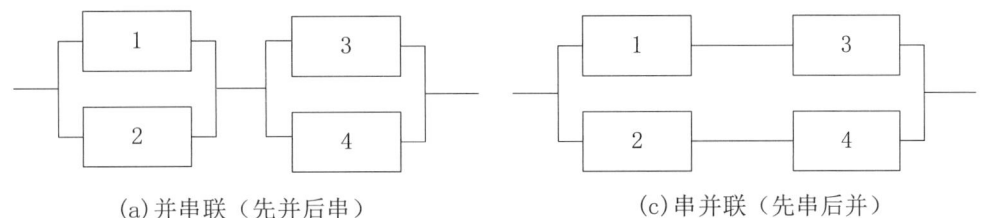

(a) 并串联（先并后串）　　　　　(c) 串并联（先串后并）

图6-2　混合并联结构系统可靠性框图

解：采用"并串联"结构的产品系统可靠度为：

$$R_a = \left[1-(1-R)^2\right]^2 = \left[1-\left(1-2R+R^2\right)\right]^2 = \left(2R-R^2\right)^2$$

采用"串并联"结构的产品系统可靠度为：

$$R_b = 1-\left(1-R^2\right)^2 = 1-\left(1-2R^2+R^4\right) = 2R^2-R^4$$

将上述两个式子相减可得到：

$$R_a - R_b = \left(2R-R^2\right)^2 - \left(2R^2-R^4\right) = R^2(2-R)^2 - R^2\left(2-R^2\right) =$$
$$R^2\left(4-4R+R^2-2+R^2\right) =$$
$$2R^2\left(R^2-2R+1\right) = 2R^2(R-1)^2 \geqslant 0$$

可见，在单元可靠度相同的情况下，"并串联"结构的效果优于"串并联"结构，说明并联冗余在单元级采用比在系统级采用效果好。复杂产品可分为不同级别，冗余的级别越低，产品的任务可靠性越高，但是在低级别冗余，实现的复杂性增加，从而又抵消了它的优势。余度结构主要适用于需要提供短路和开路保护的电路，当主要是开路故障模式时采用"并串联"余度，主要是短路故障模式时采用"串并联"余度。

6.3.2 常见形式及分类

余度形式有多种，可以从不同的角度进行分类。

（1）按余度资源

①硬件余度：采用硬件（如元器件、零部件、设备或分系统等）作为余度设计的资源。

②软件余度：通常用于计算机系统，即将用于故障检测和诊断的软件、执行余度管理和系统恢复的软件及其他关键的软件，编制多份存于存储器中。

③时间余度：通过重复执行某段程序或整个程序的方法来产生余度。

④信息余度：也称为功能余度或解析余度，它利用各种传感器信号或各种信息之间存在的函数关系来产生余度信息。

（2）按系统运行方式

①工作储备：在余度布局中，没有工作部分与冗余部分之分，均接入系统并处于工作状态，当有工作通道发生故障时，不需要其他装置来完成故障检测和通道转换的余度结构。

②非工作储备：冗余部分不工作，处于储备或等待状态，当工作通道发生故障时，需要有其他装置来完成故障检测和单元转换的余度结构。

（3）按结构形式

①无表决无转换的余度结构，这种结构中任一部件出现故障时，不需要外部部件来完成故障的检测、判断和转换功能，如简单并联、双重并联、混合并联等。

②有表决无转换的余度结构，这种结构中有一个通道出现故障时，需要一个外部元件检测和作出判断（即表决），但不需要切换通道，如多数表决、n 中取 r 等。

③有转换的余度结构，这种结构若出现故障，则需要转换到另一个工作通道中去，如上述的非工作储备就采用这种余度结构。

6.3.3 工作要求和原则

（1）全面考虑系统多重工作模式需要，适当地选择冗余级别

例如，为防止二极管电路短路，在电路上串接两只二极管，只要有一只不短路，电路就不会短路，即对短路故障而言，两只二极管构成并联系统，提高了电路不短路可靠性，可靠性框图如图 6-3 所示。

图 6-3 二极管电路可靠性框图

但是另一方面，该电路还要求不能开路，而上述串接的二极管电路，只要有一只开路就会使该电路开路，对开路故障而言，两只二极管又构成串联系统，这样就降低了电路不开路可靠性。为了解决这个问题，可采用二极管"串并联"方式。

可以证明，系统冗余的可靠性小于单元冗余的可靠性，即在系统中较低层次单元采用冗余的效果比层次高的地方好，因此在工程许可的条件下，单元冗余方式应用较多。

（2）应考虑共因故障对冗余系统的影响

共因故障是指不同的产品由于相同的原因所引起的故障。对于为提高可靠度而采取较高冗余度的系统，共因故障是导致可靠度降低的关键环节。如在某铁路信号系统中，共因故障导致的系统故障概率，比由于单元独立故障而导致的系统故障概率要大 2 个数量级。因此，针对高冗余系统建立系统可靠性模型来计算其可靠度时，必须考虑共因故障的影响。

（3）余度设计综合权衡的原则

余度设计增加了产品的复杂性，产品设计是否采用余度技术，需要从任务可靠性、安全性指标要求的高低，基础元器件和零部件的可靠性水平，非余度和余度方案的技术可行性，研制周期和费用，使用、维护和保障条件，质量、体积和功耗的限制等多方面考虑，进行综合权衡分析后确定。

6.4 环境防护设计

6.4.1 基本思想和原理

产品故障是由单元、单元间联系以及环境共同决定的。这里的环境是指在产品之外，对产品执行功能具有影响的一切外部要素的总和。提及产品环境，最直接的理解是指自然环境，但产品使用产生影响的环境要素还有很多，如电磁环境、机械环境、生物环境、辐射环境等。统计表明，由于环境问题所导致的产品故障的比例很高，而且其后果非常严重。

环境对产品的影响主要通过各类环境载荷的形式发生作用，如温度、湿度、盐雾、振动、冲击、电磁场等。产品从生产包装、运输、装卸、储存直至现场的使用与保障阶段，所经历的各类环境载荷的集合，称为环境条件。其中，对产品可靠性与寿命影响最大的环境载荷一般来源于使用与保障阶段。

环境防护设计的目的是识别相应的环境载荷及其特性，开展针对性设计，以确保产品在预期的使用环境中执行预定的功能且不被破坏。由于各类产品部署的地域、使用条件差异巨大，其所经受的外部环境千差万别，敏感环境因素也不相同。因此，环境防护设计所采取的措施也会因产品的对象不同而有所差异。

环境防护设计可从三个方面加以考虑，即认识环境、控制环境和适应环境。认识环境是指准确识别产品寿命周期经历的环境载荷；控制环境是指在条件允许时，可以为产品创造良好的工作环境条件（对于单元级产品来讲就是其局部工作环境）；适应环境是指当无法对环境条件控制时，则提高产品自身耐环境的能力。现阶段大部分环境防护设计仍以经验类为主，依据面向不同环境载荷的设计准则进行。

此外，为使环境防护设计更具针对性，开展环境防护设计前应进行环境影响因素试验，以确定设备敏感的环境因素。包括单一环境影响因素作用下的性能稳定性试验和综合环境因素作用下的综合性试验。环境防护设计的基本步骤如下：

①根据产品的寿命剖面确定从生产制造直到退役报废所经历的环境（重点是产品的工作环境），并定义产品在各环境条件的敏感应力；

②评估这种环境条件下产品的零部件、元器件及材料的性能，如果这种能力不能满足产品的可靠性要求或处于临界状态，则采取环境防护措施；

③根据敏感载荷应力选取环境防护准则及措施；

④分析该环境防护设计对产品其他部分及整体是否具有不良影响。

6.4.2 常见的环境载荷及分类

各种环境载荷对产品可靠性的影响是不同的，既可能是功能故障，也可能是永久性的损坏。主要环境载荷所产生的影响及其典型的故障模式如表 6-5 所列。

此外，产品真实的环境条件往往同时包含多种环境载荷，形成综合性环境，开展环境防护设计时，也需要采用综合性手段。表 6-6 给出了部分环境载荷相互作用时的复合影响。

表6-5 主要环境载荷的影响及其典型的故障模式

环境载荷	主要影响	典型故障模式
高温	热老化	绝缘失效
	金属氧化	触点接触电阻增大,金属材料表面电阻增大
	结构变化	橡胶、塑料裂纹和膨胀
	设备过热	元器件损坏,着火,低熔点焊锡缝开裂,焊点脱开
	黏度下降、蒸发	丧失润滑能力
低温	增大黏度和浓度	丧失润滑能力
	结冰	电气机械性能变化
	脆化	结构强度减弱,电缆损坏,蜡变硬,橡胶变脆
	物理收缩	结构失效,增大活动件磨损,衬垫、密封垫弹性消失,引起泄漏
	元器件性能改变	铝电解电容器损坏,石英晶体不振荡,蓄电池容量降低
高湿度	吸收湿气	物理性能下降,电强度降低,绝缘电阻降低,电介常数增大
	电化反应	机械强度下降
	锈蚀/电解	影响功能,电气性能下降,增大绝缘体的导电性
干燥	干裂	机械强度下降
	脆化	结构失效
	粒化	电气性能变化
低气压	膨胀	容器破裂,爆裂膨胀
	漏气	电气性能变化,机械强度下降
	空气绝缘强度下降	绝缘击穿,跳弧,出现电弧、电晕放电现象和形成臭氧,电气设备工作不稳定甚至故障
	散热不良	设备温度增高
沙尘	磨损	增大磨损,机械卡死,轴承损坏
	堵塞	过滤器阻塞,影响功能,电气性能变化
	静电荷增大	产生电噪声
	吸附水分	降低材料的绝缘性能

续 表

环境载荷	主要影响	典型故障模式
盐雾	化学反应	增大磨损，机械强度下降，电气性能变化
	锈蚀和腐蚀	绝缘材料腐蚀
	电解	产生电化腐蚀，结构强度减弱
霉菌	霉菌吞噬和繁殖	有机材料强度降低、损坏，活动部分受阻塞
	吸附水分	导致其他形式的腐蚀，如电化腐蚀
	分泌腐蚀液体	光学透镜表面薄膜浸蚀，金属腐蚀和氧化
风	力作用	结构失效、影响功能、机械强度下降
	材料沉积	机械影响和堵塞，加速磨损
	热量损失（低速风）	加强低温影响
	热量增大（高速风）	加速高温影响
雨	物理应力	结构失效，头锥、整流罩淋雨浸蚀
	浸渍	增大失热量，电气失效，结构强度下降
	锈蚀	破坏表面镀层，结构强度下降，表面特性下降
	腐蚀	加速化学反应
温度冲击	机械应力	结构失效和强度下降，密封破坏，电器元器件封装损坏
臭氧	化学反应	加速氧化
	破裂、裂纹	电气或机械性能发生变化
	脆化	机械强度下降
	粒化	影响功能
	空气绝缘强度下降	绝缘性下降，发生跳弧现象
振动	机械应力、疲劳	晶体管外引线、固体电路的管脚、导线折断，金属构件断裂、变形，结构失效
	电路中产生噪声	连接器、继电器、开关的瞬间断开，电子插件性能下降；陀螺漂移增大，甚至出现故障；加速度表精度降低，输出脉冲数超过预定要求；导引头特性、引信装置的电气性能下降；粘层、键合点脱开，电路瞬间短路、断路
冲击	机械应力	结构失效，机件断裂或折断，电子设备瞬间短路
噪声	低频影响与振动相同，高频影响设备元器件的谐振	电子管、波导管、调速管、磁控管、压电元件、薄壁上的继电器、传感器活门、开关、扁平的旋转天线等均受影响，结构可能失效

续 表

环境载荷	主要影响	典型故障模式
真空	有机材料分解、蜕变、放气、蒸发、冷焊	放气、蒸发污染光学玻璃，轴承、齿轮等活动金属部件磨损加快，两种金属表面粘合在一起，形成冷焊
加速度	机械应力	结构变形和破坏
	液压增加	漏液
高压	机械应力	结构失效，密封破裂
爆破环境	严重机械应力	破裂，结构损坏
高能粒子辐射	电离损伤，位移损伤、单粒子翻转	电离损伤导致的半导体器件失效，位移损伤会破坏材料特性，使材料基本物理参数发生变化，直至失效，单粒子翻转可能导致电路状态发生翻转，导致逻辑功能错乱
电磁脉冲	产生瞬变的高电压	电路功能故障或烧毁电路
静电放电	介质击穿、大电流或局部过热	MOS结构短路，参数退化，半导体器件反向漏电流增加，击穿电压降低，薄膜电阻器发生电阻漂移，金属化条开路，场效应结构工作性能退化

表6-6 复合环境载荷的相互作用

高温和湿度： 高温将提高湿气浸透速度。高温提高湿度的锈蚀影响	高温和低压： 当压力降低时，材料的放气现象增强，温度升高，放气速度增大。因此，这两种因素起相互强化的作用	高温和盐雾： 高温将加快盐雾所造成的锈蚀的速度
高温和太阳辐射： 增大对有机材料的影响	高温和霉化： 使霉化，微生物生长需要一定的高温，但温度在71℃以上，霉化和微生物不能发展	高温和砂尘： 砂尘的磨蚀作用由于高温而加速
高温和臭氧： 温度从约150℃开始，臭氧减少，在约270℃以上，通常压力下，臭氧不能存在	高温和冲击振动： 这两种因素互相强化对方的影响，塑料和聚合物要比金属更加易受这种综合条件的影响	高温和爆炸空气： 温度对爆炸空气的点燃影响很小，但作为一种重要的因素，对空气-水蒸气比则有影响
低温和低压： 会加速密封等的漏气	低温和太阳辐射： 低温将减少太阳辐射的影响，反之亦然	低温和盐雾： 低温可以减少盐雾的侵蚀速度

续表

低温和湿度：湿度随温度的降低而减少。但低温会造成湿气冷凝，如果温度更低，还会出现霜冻和结冰现象	低温和砂尘：低温可以增大砂粒的侵透性	低温和霉化：低温可以减少霉化作用，在0℃以下，霉化现象呈不活动状态
低温和臭氧：在较低温度下，臭氧影响减少，但随着温度的降低，臭氧的浓度增大	低温和冲击振动：低温会强化冲击和振动影响，但是，这只是在非常低温度下的一种考虑	低温和爆炸空气：低温对爆炸空气的影响极小，但是它对作为一种重要因素的空气-水蒸气比则有影响
湿度和霉化：湿度有助于霉化和微生物的生长，但对它们的影响无促进作用	湿度和低压：湿度可以增大低压影响，特别对电子或电气设备更是如此，影响的程度取决于温度	湿度和盐雾：高湿度可以冲淡盐雾浓度，但它对盐的侵蚀作用没有影响
湿度和振动：将加速电气材料的分解速度	湿度和砂尘：砂尘对水具有自然的附着性，因而这种综合可增大磨蚀作用	湿度和太阳辐射：湿度可以增大太阳辐射对有机材料的侵蚀影响
低压和振动：对所有的设备都会起到强化影响的作用，电子和电气设备的影响量最为明显	低压和加速度：在高温环境，这种综合才会显示出重要影响，增加机械应力，导致结构变形	盐雾和砂尘：这种综合可增大磨蚀作用
盐雾和振动：这将加速电气材料的分解速度	砂尘和振动：振动有可能增大砂尘的磨损效应	加速度和振动：在高温和低气压下，这种综合会增大各种影响

6.4.3 典型环境防护设计方法

（1）防潮湿/盐雾/霉菌设计

在海洋、近海或其他湿热环境使用的各类产品，往往会出现比较严重的腐蚀现象，其主要原因是自然环境中包括的几类环境载荷的综合作用，如潮湿、盐雾、霉菌等。为此，需开展针对性的环境防护设计，即防潮湿、防盐雾、防霉菌设计。由于三类环境载荷通常彼此依存且造成的后果类似，有时还可采取一些综合性措施共同预防（如选用某些三防漆），因此常被一起提及，称为三防设计。面对潮湿、盐雾、霉菌等环境载荷，既可对每类载荷单独采取防护措施（包括措施的综合应用），也可采取综合性的三防设计措施。

①潮湿/盐雾/霉菌等单类载荷防护措施。

防潮湿措施。防潮湿措施主要包括：采取具有防水、防霉、防锈蚀的材料，并采用圆形边缘，以使保护涂层均匀；提供排水疏流系统或除湿装置，消除湿气聚集物；采取干燥装置吸收湿气；采用密封垫等密封器件；应用保护涂层以防锈蚀；憎水处理，以降低产品的吸水性或改变其亲水性能；用高强度和绝缘性能好的涂料来填充某些绝缘材料；灌注和灌封，用环氧树脂、蜡类、沥青、不饱和聚酯树脂、硅橡胶等，加热熔化后注入元器件本身或元器件与外壳的空间、引线孔的孔隙，冷却后自行固化封闭。

防盐雾措施。防盐雾措施主要包括：采用非金属材料等耐盐雾材料（如塑料）；如有可能，在接触处采用相同金属材料；采用在金属表面与液体表面之间涂油漆、防腐之类的阻挡层，减少阳、阴极电位差，以及不同金属之间绝缘等手段防止电化学腐蚀；在"允许电偶"内选择金属，防止出现电偶腐蚀；采用退火或用喷丸强化的方法，降低金属或合金对于应力腐蚀裂纹或残余应力的敏感性，防止应力腐蚀；采用在金属表面上涂覆防护层、在重叠区（如紧固件周围）加密封材料等手段防止晶间腐蚀。

防霉菌措施。防霉菌措施主要包括：选择不长霉的材料；采用防霉剂处理零部件或设备；设备、部件密封，并且放进干燥剂，保持内部空气干燥；在密封前，材料用足够强度的紫外线辐照，防止和抑杀霉菌。

②三防设计。

综合性的三防设计主要用于暴露在自然环境中的产品壳体或结构件上。当由于产品上总是存在有缝隙，或自然环境比较恶劣时，产品内的某些局部也应采取"三防"设计。三防设计中，一般需先建立环境类型并给出针对性的防护等级标准，从而明确三防设计需求。常用的环境类型和防护等级分类说明，如表6-7所示。

表6-7 常用环境类型和防护等级分类说明

环境类型	环境类型说明	防护等级	
		民用	非民用
A类	温湿度受控的室内或被密封的有限空间内	A	二级
B类	不受控制的环境，如仓库、地下室等	B	一级
C类	恶劣环境，如岛屿、盐碱地等	C	一级

确定了产品的三防设计需求后，首先应根据结构件表面类型划分结构件类别，确定三防设计范围。产品的结构件类型一般分为两类：Ⅰ类结构件是指产品处于工作或行进状态时，其表面直接暴露在自然环境中或能受自然环境因素直接作用；

Ⅱ类结构件是指产品处于工作状态时，表面未直接暴露在自然环境中，不会受到自然环境因素直接作用，如机舱的内表面。

通常只有Ⅰ类结构件需要采取三防措施。当产品整体处于B类环境时，除外壳属于Ⅰ类结构件外，其他产品结构可视为Ⅱ类结构件；如产品处于C类环境，外壳及附件，乃至天线系统等都应视为Ⅰ类结构件。此外，如果某部件采取过密封措施，则无论外部环境如何，其内部均应视为Ⅱ结构件。

对于C类环境下的Ⅰ类结构件，主要的防护措施包括合理设计结构、正确选择材料、构建连续膜或者涂（镀）层、涂料涂装等。其中，合理设计结构的出发点是减少产品与腐蚀环境的接触面积或便于相应的工艺处理。而后几个的出发点都是确保产品表面具有较高的耐腐蚀性。设计制造Ⅰ类结构件时，一些可遵循原则如下：

a. 避免气密性设计，应有通气孔或加有防水透气阀，使腔体内外压力平衡，否则易导致腔内积水。

b. 对有密封要求的模块，密封圈应选用高抗撕硅橡胶制成的"O"形或"D"形圈。不允许密封圈有接缝，或采用橡胶板裁剪成衬垫。

c. 安装件的折弯半径应是板厚的1倍以上，以避免应力太大而产生应力腐蚀。

d. 要避免凸出的棱角和尖锐的切边（应打磨成圆角），便于进行进一步的防护处理。

e. 避免缝隙腐蚀；采用连续焊，在焊接部位须喷二道底漆及二道面漆（尽量减少针孔率）。

Ⅰ类结构件可选材料包括金属类的不锈钢（包括马氏体、铁素体和奥氏体），铝及铝合金、镁及镁合金、钛合金等，以及高分子材料等非金属类。根据结构的用途、强度需求等方面合理选择材料。

限于强度或成本等问题，结构件主要的防护措施还是在表面进行工艺处理，以形成一层保护层，包括构建连续膜或者涂（镀）层、涂料涂装，有时也会同时运用，即构建膜层后再涂装。构建连续膜，可以采用化学或电化学方式，在结构件表面形成稳定的化合物膜层，称为表面转化膜，如磷酸铁膜、铬酸盐钝化膜等。也可在结构件表面通过工艺涂镀惰性的金属膜，如镀锌层等。

涂料涂装技术由于工艺相对简单、效果明显，被广泛使用，它是指通过相应的涂装工艺将涂料涂覆在物体表面，形成具有保护作用的不透明或者透明的固态连续膜层的技术，其形成膜层厚度可以从几微米到几百微米。涂料涂装技术主要分为三类：有机涂料涂装、无机涂层、无机和有机复合涂层。其中应用最广泛的

是有机涂料（习惯上被称为油漆）。装备涂装时用漆一般分为底漆、中涂漆和面漆。底漆的目的是涂覆在基体上打底用，具有增强面漆与基体间的附着和防锈两大功能。常见的底漆包括磷化底漆、电泳底漆和富锌底漆。中涂漆是处于底漆和面漆的过渡性涂漆，要求与底、面漆具有良好的黏结性，且应具备防紫外线、冲击、耐水等能力。如果防护要求低，则可以略去该层。中涂漆主要材料是树脂（醇酸脂|环氧脂|聚酯树脂）。面漆是涂装的最重要的屏障，关系到涂层体系性能的关键，面漆在三防的基础上，还必须具有长久保持表面光泽、保色、抗光氧化、耐水解和其他化学、机械力的能力。我国常用的面漆是 S04-101H（脂肪族丙烯酸聚氨酯磁漆）、TS70-1（脂肪族丙烯酸聚氨酯无光磁漆）和 TS96-71（含氟聚氨酯无光磁漆）。正确地选择底漆、中涂漆和面漆很重要，某些底漆、面漆虽然各自性能均较好，但错误的搭配，会使其构成的涂层体系的耐受能力较差，使用寿命会大幅降低。

（2）热环境／力学环境防护

热载荷与力载荷是各类产品使用中经受最普遍的环境应力载荷，产品所经历的热／力学环境既会受到外部环境影响，也会受到自身产生热量或力的影响。既有来源于外部的热／力环境，也有产品自身带来的热／力的影响，而且两者还有复杂的综合作用，如温度循环和振动所导致的产品疲劳。

① 热环境防护。

热环境防护设计的主要方法包括 4 种：

传导散热设计，如：选用导热系数大的材料；加大与导热零件的接触面积；尽量缩短热传导的路径；在传导路径中不应有绝热或隔热件等。

对流散热设计，如：加大温差，即降低周围对流介质的温度；加大流体与固体间的接触面积；加大周围介质的流动速度，使它带走更多的热量等。

辐射散热设计。如：在发热体表面涂上散热的涂层以增加黑度系数；加大辐射体的表面面积等。

耐热设计，如：接近高温区的所有操纵组件、电线、线束和其他附件均应采取防护措施并用耐高温材料制成；导线间应有足够的间隙，在特定高温源附近的导线要使用耐高温绝缘材料。

② 力学环境防护。

力学环境防护主要考虑振动、冲击等机械力的作用，对于振动与冲击，具体的防护措施包括以下内容：

消除相关振源，消源设计是设备振动与冲击防护的主要措施，即消除或减弱设备内外的相关振源（如冲击源、振源、声源），使它们的强度下降到工程设计可以接受的程度。发动机、振子等应进行单独的隔振，对旋转部件应进行静、动平衡试验，以尽量减少或消除振源。常用的隔振材料有金属弹簧、空气弹簧、泡沫乳胶、减振器等。

提高结构刚度，防护低频激振。设备的振动特性由其质量、刚度和阻尼特性确定。当激振频率较低时，在不增加质量和改变阻尼特性的情况下，通过提高结构的刚度来提高设备及元器件的固有频率与激振频率的比值，以达到防振的目的。元器件结构的低频振动防护措施如表6-8所列。

表6-8　元器件低频振动防护措施

元器件类型	防护措施
阻容、电感元件	剪短引脚并留有应力环，进行焊接
电缆导线	辫扎在一起，分段线夹固定
继电器、可变电容器	选择安装方向
快卸元部件（如插接件）	特殊装置予以固定
变压器	使用压板固定磁芯体
印制板组装件	使用加强条、约束阻尼

采用隔离措施，防护高频激振。当激振频率较高时，通过提高结构的刚度等措施来改变设备的振动特性不合适。这时可在设备和传递振动的基础结构之间采取隔离措施（安装减振器），当设备的固有频率低于激振频率时，要求减振器具有低的固有频率；当设备的固有频率高于激振频率时，要求减振器具有高的固有频率；当按照组装要求难以采用弹性材料等隔离件时，可用三防胶灌在元件与底板之间以起到减振作用。脆性元件（陶瓷元件）与金属零件的连接处应加上弹性材料，以防止产生严重的局部应力和磨损。

采用去耦措施，优化固有频率。在振动过程中，印制板及其上装配的元器件之间会出现相互振动耦合，从而使设备的固有频率分布很宽，容易与外界激振产生共振。这时可以采用硅橡胶封装整个印制板组件，使之成为一个整体，消除元器件与印制板之间的相互振动耦合，使设备的固有频率分布变窄，达到不易共振的目的。

（3）电磁环境防护

随着现代无线电通信技术、电力电子技术、计算机技术等高速发展及运用，产品的使用面临着日益复杂的电磁环境。电磁环境泛指产品使用场所周围各类电磁现象的总和，包括时间、空间和频谱等要素，由密集、重叠、无序的电磁波构成。

电磁防护中比较成熟的技术是电磁兼容性。所谓电磁兼容性是指系统、分系统、设备在共同的电磁环境中能协调地完成各自功能的共存状态。即设备不会由于处于同一电磁环境中的其他设备的电磁干扰而导致性能降低或故障，也不会由于自身的电磁干扰使处于同一电磁环境中的其他设备产生不允许的性能降低或故障。电磁兼容性是设备在电磁环境下工作的一个基本要求，包括系统间和系统内的电磁兼容两个方面。开展电磁兼容设计必须对电磁干扰源进行分析，并研究电磁干扰的各种传播途径，以便于采取措施，消除或抑制电磁干扰源，减轻电磁干扰的影响。

①电磁干扰源。电磁干扰源按其来源可分为人为干扰源和自然干扰源，按其传播途径可分为传导干扰源和辐射干扰源，按其频带分布可分为窄频带干扰源和宽频带干扰源。人为干扰源又可分为由有用信号所产生的功能干扰源和无用信号所产生的非功能干扰源。主要的电磁干扰源及其特性如表6-9所列。

表6-9　主要的电磁干扰源汇总表

电磁干扰源	类别			说明
	来源	传播途径	频带分布	
广播、通信、导航、雷达发射设备	人为	辐射	窄频带	发射功率大，干扰严重
工业、科学、医疗设备	人为	辐射	宽频带	功率大，屏蔽不好，干扰大
架空电力线、电力牵引系统	人为	辐射	窄频带	干扰来自高压电线（100kV）产生的电晕，绝缘子断裂、捆绑松脱导致接触不良而产生的电弧，受污染导线表面产生的电火花
汽车、内燃机的点火系统	人为	辐射	宽频带	干扰来自点火系统、发电机、风扇、马达等
日光灯照明设备	人为	辐射、传导	窄频带	通过电源线注入公用电源，构成传导干扰，在VHF、UHF频段高频辐射明显
电磁脉冲（如雷电、核爆炸）	自然、人为	辐射	宽频带	未加保护时，可能导致电路的功能故障或烧毁电路

续表

电磁干扰源	类别			说明
	来源	传播途径	频带分布	
静电放电	自然、人为	辐射	宽频带	静电放电与周围环境湿度有关,在干燥多风的环境下,静电放电特别严重
公用电源	人为	传导	窄频带	对于计算机系统,危害最大的是尖峰脉冲信号和衰减振荡信号的干扰,可能导致程序错误、存储丢失甚至系统的损坏

②电磁干扰传播途径。电磁干扰的传播途径分为传导和辐射两种。传导干扰是指通过导线进行传播的干扰,主要有共阻耦合、电感耦合、电容耦合三种形式。辐射干扰是干扰源通过向空间辐射电磁能量而形成的干扰,主要有感应场耦合和辐射场耦合两种形式。下面分别举例对各种电磁干扰的传播途径进行说明。应该注意的是,在许多情况下电磁干扰是同时以多种途径进行传播的。

传导耦合干扰。传导干扰是系统内干扰的一个重要成分,它是通过导线直接耦合到敏感电路中去的,即干扰源与敏感器件之间有完整的电路连接。按交连方法和耦合元件的不同,可以分为共阻、电感、电容耦合三种。

辐射耦合干扰。通过空间传播电磁能量而引起的干扰为辐射干扰。辐射耦合主要由辐射电磁场(如通过雷达、通信系统等的天线辐射的电磁波)耦合进敏感设备内形成干扰。辐射耦合有感应场耦合、辐射场耦合及近场耦合、远场耦合等形式。

许多辐射耦合都可以看作近场耦合模式,如设备内部干扰源的电源回路、高电平信号的输入/输出电路和控制电路等的导线,都起着辐射天线的作用。另外,辐射耦合还有来自星际间的辐射电磁能量的干扰。

③抗电磁干扰的措施。按电磁兼容性要求,处在电磁环境中的设备既要有一定的抗电磁干扰的能力,同时也不能产生超过允许的电磁干扰。在对电磁干扰源进行控制的基础上,主要的抗电磁干扰的措施有接地、搭接、屏蔽、滤波。

接地。接地就是两点之间建立导电通道,其中一点通常是系统的电气元件,另一点则是参考点。一个良好的参考点或接地板是设备可靠地抗干扰运行的基础,理想的接地板应是零电位、零阻抗的。对有关电路的所有信号而言,它均可用作参考基准,而且任何不需要的信号均可在此传输而不产生压降。然而,由于接地材料的特性所限,不存在理想的接地板,因而系统中的接地点之间总是存在一定的电位差。

接地的有效性取决于接地系统的电位差和地电流的大小。接地不好的系统往往会使杂散寄生的电压、电流耦合到电路、设备中去，从而使设备的屏蔽有效度下降，并在一定的程度上抵消了滤波的作用。接地有三种形式：浮地、单点接地和多点接地。

搭接。搭接就是指在两金属表面之间建立低阻通道。搭接的目的是在结构上设法使射频电流的通路均匀，避免在金属件之间出现电位差从而造成干扰。

搭接有两种形式：直接搭接（焊接、铆接、螺栓连接等）和间接搭接（跳线等）。无论是直接搭接还是间接搭接，均要求裸面的金属—金属接触。为实现满意的搭接，应去除金属面上的保护涂层，使金属表面紧密贴合。另外，还应注意接触金属的电化学性能差异，做好防潮、防腐蚀处理。

屏蔽。屏蔽的机理是吸收、反射电磁波，以阻断辐射干扰。通过屏蔽可以实现干扰源与敏感设备之间的隔离，在电路设计中，可以从机箱屏蔽、局部屏蔽和电缆屏蔽三个方面进行屏蔽。

对于灵敏度较高的信号电缆、较强干扰源用的电缆，通常采用屏蔽线。低频时，屏蔽层在信号输出端单点接地；高频时，屏蔽层应多点接地。

采用各种屏蔽措施时应注意：如果屏蔽层接地不良，则相当于一个大电容，对电路来说更容易接受干扰，不如不加；如果屏蔽层是铁质的，则对电磁干扰均有屏蔽作用，否则只对电场干扰有屏蔽作用。

滤波。滤波的机理是通过吸收或反射，可使直流或某些频率的传导干扰大为减弱。滤波是弥补设计上的不足而采取的一种补救措施，不如屏蔽、接地、搭接可靠，且费用较高。常用的滤波措施如下：

①二次电源单板输出端一般已加滤波电路，但如果采用的是不放入电路板机箱内的开关式稳压电源，而且引线较长，或者向灵敏度较高的电路供电，则电源进入电路板机箱前先要加滤波器（如磁环扼流圈）抑制尖峰干扰；

②每块单板均设置电源去耦电路，以防止互相干扰；

③每个器件的电源端、地端间通常就近加 $0.05 \sim 0.1 \mu F$ 的滤波电容，为防止滤波电容短路使整个电路板不能工作，可采用双电容串联的形式，为避免电容数量太多，可以采用两块器件加一对串联滤波电容的形式。

铁路信号可靠性与安全性

6.5 铁路信号"故障—安全"设计原则

铁路信号设备、系统的首要任务是保证列车运行安全,因此,安全性成为信号设备、系统最重要的特性。为保证安全所采用的技术和对策,叫做安全性技术。在铁路信号中不同的设备、系统采用的安全性技术也有所不同,应用在铁路信号设备系统中的安全性技术主要有:"故障—安全"技术;防错办(Fool Proof)技术;危险侧故障率最小化技术;故障弱化技术;故障监测和故障诊断技术;冗余技术;降额和应急顶替。

在上述安全性技术中,"故障—安全"技术是在铁路信号设备中最先应用也是最重要的安全技术。自1825年世界上出现第一条铁路——英国的司托克敦—达林顿铁路以来,人们就懂得当列车故障时应让列车停下来比较安全。1841年,格列高里创造出易于被司机辨认的臂板信号机,它模仿人举手臂发出信号显示的动作,用克服重力举起臂板作为停车信号,后来发展成从远处用导线牵引。但在牵引线断线时无法发出停车信号,伤亡事故难以避免,于是人们开始考虑,应该让故障的后果导向对行车比较安全的一方,设想在发生故障时让信号自动显示停车信号,使列车能停下来,即故障停车。后来出现的牵引导线断线能靠重力自动恢复停车信号的臂板信号机,就是根据这一"故障—安全"概念创造出来的,"故障—安全"技术便以此为起点逐步地发展起来。重力法原理后来成为"故障—安全"技术的重要方法之一。

"故障—安全"是设备或系统故障出现时不会使系统处于可能导致伤害或损伤的工作模式,而能使系统处于或导向安全的状态。安全的状态称为安全侧,反之称为危险侧。铁路信号设备最重要的作用是保证列车运行安全,防止人为的操作错误造成列车发生追尾、冲突、颠覆等事故。很明显,一般情况下使列车停下来是安全的。因此,对于铁路信号设备有明确的安全侧,即导向列车停止运行的状态。"故障—安全"原则是铁路信号设备和系统设计必须遵守的原则。

6.5.1 安全侧输出

在设计具体的铁路信号设备时,必须确定系统的安全侧输出。下面是铁路信号设备安全侧的基本考虑。

(1) 信号显示

无论是地面设备的信号显示,还是车载设备的信号显示,在设备故障时,都

必须导向降级显示，指示列车降低列车运行速度。

（2）轨道电路

轨道电路设备故障时，应给出表示列车占用轨道电路的信息输出，不允许该区段再有列车驶入。

（3）轨道电路绝缘破损

轨道电路绝缘破损时，在车站不应造成在轨道区段有车占用的情况下，轨道电路输出表示该区段无车占用的信息；在区间不能造成区间通过信号机升级显示。

（4）进路锁闭电路

进路锁闭电路故障时，应处于锁闭状态，不允许道岔转换。

（5）区间闭塞系统

当区间闭塞系统设备发生故障时，允许表示区间有车占用状态的信息输出，不能再向区间发车。

6.5.2 铁路信号"故障—安全"技术

（1）非对称故障模式的安全元器件

非对称故障模式的安全元器件，即元器件故障后的输出或状态是不对称的，如一个二值元器件，其输出只有"0"和"1"两种状态，故障后输出某一种状态（"0"或"1"）的概率远远大于输出另一种状态（"1"或"0"）的概率，或只输出某一种状态（"0"或"1"）。可以用故障后出现概率大的输出状态对应铁路信号的安全侧，实现铁路信号系统的"故障—安全"，下面例举两种非对称故障模式的安全元器件：

① AX 系列安全型继电器。在铁路信号设备中利用重力原理的安全型继电器被广泛运用，即使在大规模集成电路、微处理、计算机技术在铁路信号系统中广泛应用的今天，地面信号系统的执行机构（信号的电灯电路、转辙机的执行电路）仍然采用安全型继电器。

AX 系列安全型继电器是我国自主设计研制的以座式和大插入式继电器技术条件和种类为依据的安全型继电器。1966 年铁道部正式命令以 AX 系列安全型继电器作为我国安全级铁路信号继电器推广使用。由于继电器体积较小，为了达到继电器重力返还的要求，采用了重力加弹力返还的办法使每一组后接点有 0.15N 以上的压力。衔铁上的重力是由铆在上边的、通用的、薄厚不一的重锤片组成。接点数不同选用种类和数量不同的重锤片，从而取得足够的后接点压力。

②四头电容器。四头电容器也是铁路信号设备中应用较广泛的非对称故障模式的安全元器件。这种电容器在一对极板的两端引出两对引出线，当电容断线时就失去了滤波的作用，使整机的杂音增大，杂音放大后有可能动作后级电路，造成错误动作而危及行车安全。

（2）*连接线断线、混线故障的保护对策*

铁路信号用的继电器接点电路，一般采用输入信号与继电器线圈相串联的直接控制电路，此种电路发生断线故障时会使继电器错误落下，而混线故障时会使继电器错误吸起。因此，故障原因按其性质可归纳为两类：一是断线性质的故障；二是混线性质的故障。研究继电器接点电路的安全性，主要是研究解决断线保护和混线保护。

实际上，因为电路很复杂，若对电路的各点都进行混线分析是很困难的，实际也行不通。因此规定：凡是在工艺上能够防止混线的处所，都应用工艺的方法防止混线。因此设计铁路信号安全电路时，只要求考虑室外配线的混线，对于断线故障，则室内外均需考虑安全保护。在断线、混线故障保护方面，我国铁路信号常用的"故障—安全"技术有：

①断线保护——安全对应法。闭路式电路原理与安全对应法则相结合，是用作断线保护的安全对应法。

如图 6-4（a）所示是信号继电器 XJ 电路的闭路状态与信号机的危险侧相对应，即通过其前接点使信号机点亮允许灯光；使 XJ 电路的开路状态与信号机的安全侧相对应，即通过其后接点使信号机点亮禁止灯光。发生断线时，电路会自动地转变为开路状态，因此故障的后果可导向安全。XJ 电路平时处于开路状态，这是因为车站信号机平时应处于关闭状态的缘故。

如图 6-4（b）所示是锁闭继电器 SJ 电路，为实现安全对应，也以其闭路状态与进路的危险侧——解锁状态相对应，以其开路状态与进路的安全侧——锁闭状态相对应。显然断线故障会使进路自动地转变为安全侧的锁闭状态，故障后果导向安全。因为进路平时处于解锁状态，所以 SJ 电路平时处于闭路状态。

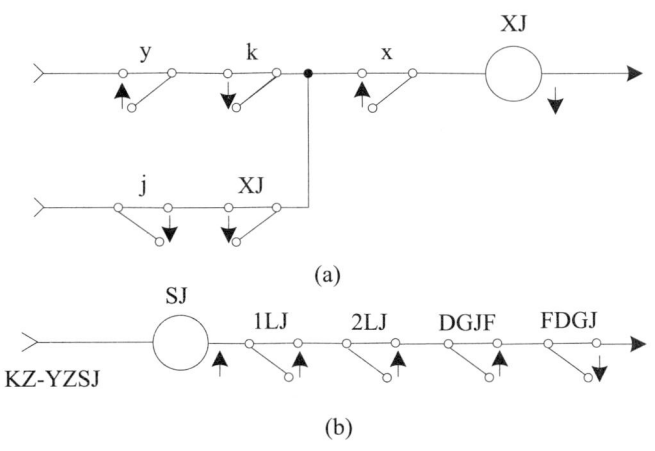

图 6-4 安全对应法

上述的两个例子，一个是平时处于开路状态，一个是平时处于闭路状态，但两者都是以闭路状态与所控对象的危险侧相对应。这就体现了闭路式电路原理与安全对应法则的结合。

② 混线保护——位置法、极性法。能够达到故障—安全目的的混线保护法有两个：一是位置法（也称远端供电法）；二是极性法。

位置法是两条控制线混线时的保护措施。如图 6-5（a）所示，若两条控制线的电缆芯线相混，则道岔表示继电器 DBJ 将无条件的给出危险侧输出，原因是作为控制条件的 DB 接点接入的位置不对，混线时被短路。若如图 6-5（b）那样的接法将 DB 接点的位置放在控制电源与继电器线圈的中间位置，则发生上述混线时，被短路的不是控制条件的 DB 接点，而是被控制的继电器线圈，电源的熔断器将被烧坏。继电器 DBJ 只能给出安全侧输出。位置法是我国铁路信号常用的保护控制线混线的方法。

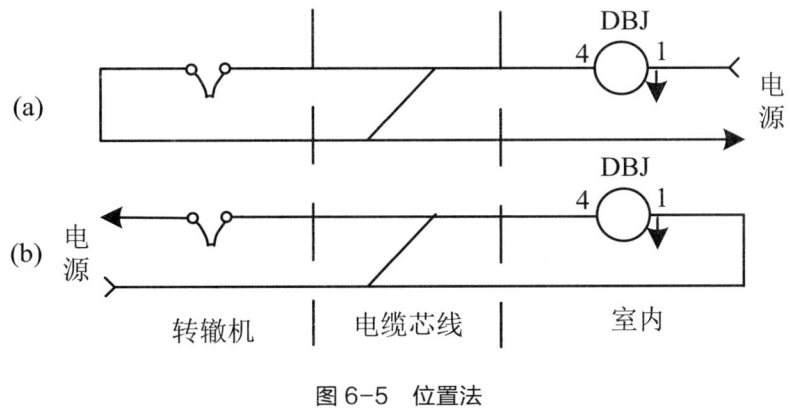

图 6-5 位置法

极性法是保护控制线与其他电源线相混的技术措施。如图 6-6 所示，极性法要求使用的是极性继电器（图中使用的是偏极继电器），当一根控制线的电缆芯线与其他电源线正极的电缆芯线相混时，电路输出无变化。但当 1GJ 落下时，控制电源短路（不同的控制电源不放在同一根电缆内），故障将被发现，这时电路将因电源端的熔断器被烧毁而给出安全侧的输出（1JGJ、2JGJ 均落下）即达到"故障—安全"。

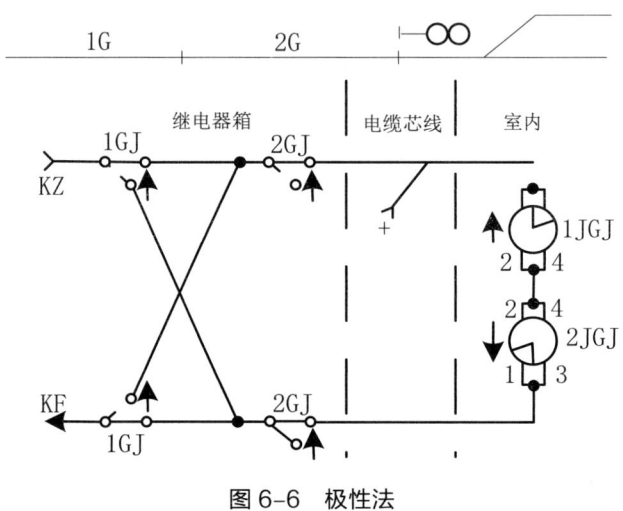

图 6-6 极性法

复习思考题

1. 降额设计适用于电子产品，裕度设计适用于机械产品。试想其他类型产品中有没有类似的设计方法和案例。

2. 讨论可以用于评估零部件可靠性的测试数据，哪些数据最适合进行可靠性评估？

3. 对于已通过评估的零部件，若其生产商的工序能力发生了变化，是否还需要重新进行评估，并详细说明原因。

4. 进行电子元器件选择和控制的目的是什么？包括哪些环节？

5. 如何确定元器件的关键性和可用性？

6. 何谓元器件的"质量等级"？质量等级对元器件的失效率有何影响？分析一下如何根据质量等级选择元器件？

7. 元器件使用中存在哪些问题？如何解决？

8. 为什么"故障—安全"原则是铁路信号设备、系统设计必须遵守的设计原则？

第 7 章 人的因素与可靠性

7.1 生理心理学与交通心理学

7.1.1 生理心理学

生理心理学是心理学研究的重要组成部分，它探讨的是心理活动的生理基础和脑的机制，它的研究包括：脑与行为的演化；脑的解剖与发展及其和行为的关系；认知、运动控制、动机行为、情绪和精神障碍等心理现象和行为的神经过程和神经机制。对心理活动生理基础的研究由来已久，从解剖学、生理学的研究发现大脑机能定位，到心理活动的脑物质变化的生化研究，再到脑电波、脑成像技术的应用，历经一百多年，但其迅速发展还是近几十年。

生理心理学是心理科学体系中的重要基础学科，它除用人为研究对象外还用各种实验动物为对象，研究心理行为活动的生理学机制。随着心理科学、生物学、神经科学和新技术的发展，生理心理学超越了传统生理心理学的视野和方法，越来越明显地表现出自身多学科交叉的发展特点和趋势。科学家们延伸了这个领域，给这个领域起了很多名称，如生物心理学，行为神经科学，行为脑科学等，这些名称也都反映出揭示行为的脑机制的基本目标。这一学科的发展促进了将行为水平的研究方法渗透到神经生物学微观领域，同时将神经生物学研究方法渗透到心理学领域。从多学科、多方面、多角度、多层次对心理行为现象展开研究。我国生理心理学的研究也正密切地关注心身健康领域的基础研究。实际上，作为交通系统中具有能动作用的人，其生理心理对交通安全的影响十分重大。

7.1.2 交通心理学

交通心理学是应用心理学的一个分支，是根据心理学的理论、原则和方法来研究交通系统中驾驶人和行人在交通过程中的心理活动和行为规律的学科。目前，交通心理学还属于一门新兴的综合性交叉学科，学科建立的时间比较短，涉及范围比较广、内容复杂，尚未形成一个完整的学科体系。

交通心理学的研究目的是：提高人们的交通心理素质，以适应道路交通的变化；创造和改善道路交通条件，以适合人的交通心理特点；运用交通心理学的原理和成果充实、完善交通管理的理论、方法和手段，促进交通管理现代化、科学化，实现交通安全畅通、低公害、低能耗。

交通心理学的研究方法可以分为几个层面：①宏观定性方法，如调查问卷法、面对面问询法；②宏观定性定量方法，如现场观察法；③微观定量方法，如实验法，其中又包含实验室实验法、现场实验法等。

随着对交通安全研究的深入，以及现代测试技术与设备的进步，通过检索交通安全研究热点发现，近几年越来越多的研究机构与研究者开始关注驾驶人的生理心理波动与交通安全的定量关系，这主要体现在两个方面：①在正常的交通环境下，驾驶人生理心理（肌电、皮电、脑电、脉搏、呼吸等）的突然波动对交通安全的影响；②交通设施（道路照明、交通信号、交通标志等）的变化（或一种新式交通设施）对驾驶人生理心理的影响，进而反映其对交通安全的影响。

7.2 驾驶人与交通安全

7.2.1 驾驶人生理特征与指标

驾驶人生理特征的不同，在宏观上可以表现在性别、年龄、血型、视觉、听觉、疲劳等，在微观上可以表现在心电、脑电、呼吸、肌电、皮电等。在对驾驶人的驾驶过程进行较为深入的研究时，一般用这几个微观的生理参数来表征驾驶人的基本生理特征。

（1）心电

心脏在每个心动周期内，伴随起搏点、心房、心室相继兴奋而产生生物电的变化，这些生物电的变化称为心电。

心电的主要评价指标包括心率和心率变异性。心脏同时受交感神经和副交感神经的支配，而交感神经系统的主要功能在于提高有机体的唤醒水平，副交感神经系统的功能是使兴奋起来的躯体返回到较低的唤醒水平。

实验研究表明,当驾驶人遇到危险或处于复杂的交通环境时,其心率和心率变异性会发生显著的变化。因此,可以使用心电这个生理参数来衡量某些交通设施或交通形势对驾驶人的影响。另外,驾驶人的疲劳程度与机体的唤醒水平密切相关。因此,心电可以作为判断驾驶疲劳的一项重要生理指标。行车过程中,驾驶人的心率主要与车速和行驶时间相关:车速越高,心率越快,行车越不安全。随着行驶时间不断加长,心率会逐渐变慢,此时表现为驾驶疲劳。

（2）脑电

人在思考时,磁场会发生变化形成生物电磁场,从而产生一种电波,称为脑电波。脑电波的频率变动范围一般在 1～30 Hz,根据脑电频率的不同,可以将其划分为以下四个波段:

① α 波,频率 8～13 Hz,它是人脑电波中最基本的节律,保持也比较稳定,通常在人清醒、平静时这种波的节律最为明显,紧张时会立刻消失。因此,α 波出现时,驾驶人一般处于较为安全的驾驶状态。

② β 波,频率 13～30 Hz,当人精神紧张或者情绪激动亢奋的时候,会出现这种波,可以通过此波对驾驶人超速行驶状态的危险度进行分析。

③ δ 波,频率 1～4 Hz,在成年人极度疲劳、发生瞌睡的状态下,会出现这种波,因此可以用这种波来监测驾驶人的疲劳等级,若出现此波,表明驾驶人出现疲劳,此时的驾驶状态不安全。

④ θ 波,频率 4～8 Hz,成年人在精神抑郁受挫的时候,这种波比较显著,此时驾驶人不宜驾驶。

脑电信号是一种比较敏感的客观指标,不仅可以用于脑科学的基础理论研究,也可用于反映驾驶人的心理及脑疲劳等问题。但脑电波是一种极其微弱的电波,在实验过程中需要被试者在安静的条件下进行且要避免其他一些干扰因素的影响。

（3）呼吸

呼吸幅度代表被试者每次呼吸时的呼气／吸气量,是一个相对值,呼吸频率为每分钟的呼吸次数,这两个指标均可反映驾驶人在驾驶过程中的呼吸情况。

呼吸频率随年龄、性别和生理状态而异,成人平静时的呼吸频率为每分钟 16～18 次。研究资料表明,正常、临界和疲劳状态呼吸指标值不同,通常人体活动加强时,呼吸频率和深度都会相应增加。呼吸能反映人的体能状况,肺活量小、呼吸频率快的驾驶人体能相对较差,长时间行车时容易疲劳,也易发生事故。

（4）肌电

通常将人体骨骼肌电信号称为肌电信号，是骨骼肌细胞的自发电活动的综合信号。人体的肌肉细胞受神经刺激后会产生动作电位，利用一定的仪器检测并放大这种电位，然后就可通过研究该电位的高低或电位差来了解驾驶人的紧张程度。

（5）皮电

外界刺激会引起控制腺体分泌的交感神经活动，这时可引起轻微出汗，皮肤导电率升高。外界的新异刺激、情绪反应强度、疲劳状态都可引起较大的皮电反应，也就是说皮电的高低能反映驾驶人情绪的变化情况。情绪紧张、恐惧或者焦虑情况下汗腺分泌增加，皮肤表面汗液增多，引起导电性增加而致皮电升高；情绪平静时，皮电降低。

7.2.2 驾驶人生理特征与交通安全

（1）性别与交通安全

研究表明，男女驾驶人对事故的处理能力差距不大，然而在紧急情况下会出现明显不同。具有相同驾驶经验的男女驾驶人驾驶相同的车辆在干燥的沥青马路上进行制动试验，其结果是女驾驶人的制动距离比男驾驶人平均长 4 m。

（2）年龄与交通安全

对各种年龄驾驶人 16 万公里行程交通事故的统计分析结果表明，45～54 岁的驾驶人肇事次数最少，30 岁以下与 50 岁以上的驾驶人肇事次数较多，事故的发生相对于年龄呈现浴缸形分布。一般情况下，老年驾驶人患各种心血管疾病的机会增多、视力与动视力下降、反应迟钝、容易疲劳，但都比较稳健。年轻人则不然，记忆力好、反应敏捷、患病机会少，但心理素质差。综合来看，年轻驾驶人与老年驾驶人都存在对交通安全产生影响的不利因素。

（3）血型与交通安全

交通事故与人的血型有关，尤其在女性方面更为突出。有关研究认为：A 型血的人机智、细心、谨慎，对周围善加观察，因此发生事故较少；O 型血的人一般驾驶技术较好，对生命的防卫本领强，但注意力外的人身事故多；B 型血人的注意力较分散，大小事故不断；AB 型血的人驾驶事故最多。

（4）视觉与交通安全

相关研究表明，驾驶人在行车过程中 80% 以上的信息来自视觉，因此驾驶人的视觉特性（视力、视野、视觉适应等）对行车安全有重要的影响，下面依次进行介绍。

① 视力。视力是指人眼能分辨物体形状、大小、颜色的能力，分为静（体）视力、动（体）视力和夜视力。静视力是指在光线充足条件下，人和视标在静止状态下所检查的视力。动视力是指在光线充分条件下，人和视标处于运动（一方运动或双方皆动）状态下所检查的视力。夜视力是指人在光线微弱条件下，即暗环境中分辨方向、识别物体大小、形状及运动状态的能力。

② 视野。视野是指人的两眼注视某一目标时能够看见的最大空间范围，包括静视野和动视野。静视野是指在静止状态下，头部不动，两眼注视前方时，眼睛两侧可以看到的范围。动视野是指在静止状态下，头部不动，但眼球可以转动时，所能够看见的范围。

车辆在运行过程中，驾驶人视野与行车速度密切相关，汽车静止时视野不变，当汽车行驶时，视野的深度、宽度、视野内画面都在不断变化。车辆运行速度越快，驾驶人越注视远方，即注视点前移，视野越窄。随着视野变窄，驾驶人的注意力被引向到景象的中心而置两侧于不顾，形成所谓"隧道视"。

③ 视觉适应。适应是一种感觉现象，因刺激物的持续作用而引起感受性的变化。视觉适应是视觉器官的感觉随外界亮度的刺激而变化的过程。

有关研究表明，驾驶人的动视力、夜视力的异常与交通事故直接相关。英国的统计数字表明，夜间行车事故的发生率明显高于白天，且危险性也比白天大，可见夜视力的好坏严重影响交通安全。

（5）听觉与交通安全

除了视觉之外，听觉也是获取交通信息量较多的感知器官。听觉对驾驶人的安全行车起着重要的作用，它能补充视觉的不足，协助驾驶人分辨物体的远近和方位。

行车中驾驶人有时凭借收听声音信息、听取交通指挥人员的指令进行操作。在超车或会车时常常按喇叭来引起对方驾驶人的注意。听觉信息具有两个明显的特点：反应快，听觉反应时间为 0.12～0.16 s，视觉反应时间为 0.5～2.08 s；刺激强，行车中听惯了各种声音后，如果突然有异样的声音出现，会立即引起驾驶人的注意。在行车过程中，有经验的驾驶人能根据车内异样声音推断出某种机件或设备发生故障，以便及时采取措施，保障行车安全。

(6) *疾病与交通安全*

近些年，由疾病导致的交通事故层出不穷。人的各种行为动作都受到神经的控制，驾驶人的驾驶行为也要通过以大脑为核心的神经系统的活动来实现。人的身体是由多个器官系统构成的复杂生物体，无论哪一个器官系统即使是轻微的疾病也将影响身体的生理机能。

对驾驶人来讲，在病态下开车，其注意力、视动作反应能力会大大降低，动作不协调，准确性和反应速度也会下降。慢性病同样会增加发生交通事故的概率。由癫痫、脑血管意外、突然眩晕造成的恶性交通事故各国都有报道。

7.2.3 驾驶人心理特征与交通安全

(1) *感觉及知觉与交通安全*

感觉是指外界客观事物作用于人的感觉器官时，在其头脑中引起个别属性的反应。感觉的产生需要具备两方面条件：一是外界客观事物的刺激，二是感觉器官的感知能力。外界客观事物应有足够的刺激强度，能被人的感觉器官所接受，人的感觉器官应保持高度的灵敏性，能及时地接受外界刺激信息。知觉是人在感觉的基础上对客观事物各种属性的整体性、综合性反应。感觉和知觉越丰富，在驾车过程中获取的信息就越多。良好的感觉和知觉能力是驾驶人在驾车过程中准确感知各种信息的必要条件。对于安全驾驶而言，驾驶人必须具备良好的感知觉能力。

(2) *感觉与知觉对行车安全的影响*

感觉与驾驶行为有着密切关系，主要包括平衡觉、运动觉和内脏感觉等。知觉可分为空间、时间和运动知觉，这三种知觉对驾驶安全都有重要作用。实际上，人在感知外界环境的过程中，感觉和知觉是紧密相连的，前面是感觉而紧跟着就是知觉。

①平衡觉与行车安全。平衡觉也称静觉，是反映头部位置和身体平衡状态的感觉。平衡觉的刺激感受器是双耳中的前庭器，它对驾驶人有重要作用。如果平衡觉异常迟疑，在起伏、盘旋的山地驾驶时，就很难准确地判断行车方向；如果异常灵敏，也难以适应次级路面特别是山地驾驶。

②空间知觉与行车安全。空间知觉是驾驶人对交通环境中物体的形状、大小、方位等空间特性的知觉，对判断自己车辆和车外物体在空间位置和方向起主导作

用，经验不足的驾驶人往往会由于空间知觉不准确而造成行车事故。

③时间知觉与行车安全。时间知觉是人脑对客观现象延续性和顺序性的反映。驾驶工作一般都有时间要求，特别是客运工作，时间要求更严。时间知觉越长，驾驶人越容易产生急躁、厌烦和松劲情绪，以致影响安全驾驶。

④运动知觉与行车安全。运动知觉一般指对物体空间位移和运动速度的知觉。在行车中，车辆和车外物体都在运动，对车辆运动方向和速度知觉是否正确，关系到行车安全。影响运动知觉的因素有天气、季节、白天、夜间、照明等，驾驶人必须对其有所认识和了解，纠正运动知觉的误差，加强运动知觉的训练，以保证安全行车。

⑤错觉与行车安全。错觉是人对外界事物不正确的知觉。驾驶人在车辆运行过程中的典型错觉有速度错觉、距离错觉等。引起错觉的基本原因是复杂多变的交通环境及其自身因素的干扰，安全生产管理者及驾驶人均应充分认识到错觉对行车安全的影响。

（3）注意特性与交通安全

①注意的定义及分类。

注意是指心理活动对一定对象的指向和集中。车辆行驶中，驾驶人心理活动有选择地指向和保持集中于一定的道路交通信息，经过大脑识别、判断和抉择后采取正确的驾驶操作，保障行车安全，因此注意是行车安全的一个重要心理因素。对象的指向性是指人的认知活动指向所关注的对象而同时离开其他对象，而意识的集中性是指人将所有精力集中在所选择的对象上，同时对其他对象加以抑制。注意指向性和意识集中性的有机结合，使得驾驶人在驾车过程中能连续、及时地对新出现的情况做出快速反应。

②注意能力的判断。

注意的广度。注意的广度也称注意的范围，是指在同一时间内能够清楚地知觉到对象的数量。用信息论的观点来讲，注意的广度即在注视点来不及移动的很短时间（0.1 s）内所能接受的同时输入的信息量。注意的广度可以借助信息量来估量。信息量大的目标，注意的广度小；信息量小的目标，注意的广度大。总之，刺激出现的不确定性越大，其信息量也越大，对其注意的广度越小。

注意的稳定性。注意的稳定性是指认识的高度选择状态能够延续时间的长短，即注意能够长时间保持在某种事物或活动上的能力。由于人的感受性不能长时间地保持固定的状态，注意会呈现间歇地加强和减弱，这种周期性变化是注意的起伏现象。广义的注意稳定性，不总是指向同一对象，而是指所接触的对象和行动本身可以发生改变,但活动的总方向始终不变。注意的稳定性与主体对活动目标的理解、思维积极性、兴趣大小、健康状况等因素有关,也与注意对象的特点有关,内容丰富或者活动的对象更容易使人保持较长时间的注意。

注意的分配与转移。注意的分配是指注意在几种认识活动上的分配,把注意指向不同的对象。注意的分配可衡量人们能否同时进行两项及以上认知活动。在一种认识对象有大量多余信息的情况下,注意就可以分配。有多余信息的事物不一定需要全部注意,注意一点或一部分就行。

(4)情绪与交通安全

①情绪的定义。

目前情绪的定义还存在争议。牛津英语字典上将情绪解释为心灵、感觉或感情的激动,泛指任何激动或兴奋的心理状态。心理学家吴伟士认为情绪是有机体的一种激动状态,各种情绪的反应都以其引起的情境来定义,如愤怒与他人所引起的不愉快情境相关联,内疚与由自己所招致的不愉快情境相关联,而悲伤与环境控制的不愉快情境相关联。情绪总是同人的需要与动机有着密切的关系,如人的某种需要得到满足或目的没有达到时,将会产生愉快或者难过等感受。

人的情绪是一种心理活动的产物,是人们对待客观事物的一种态度,反映主、客观之间的关系,是人对客观事物是否符合自己需要的态度的体验。

②情绪的特点。

人的情绪具有两极性,即积极的体验和消极的体验。各种不同的情绪体验都会给汽车驾驶人在行车安全上带来不同的效应,积极的情绪起正作用,消极的情绪起负作用。

消极情绪是驾驶人通过不良心理活动表现出的一种状态,具有很大的隐蔽性,一般不易暴露,只有当外界条件具备时才会出现。常见的消极情绪有自满情绪、急躁情绪、焦虑情绪和报复情绪。

③驾驶人情绪对行车安全的影响。

情绪对人的认识、意志、行为和个性具有重要影响,尤其是机动车驾驶人,其情绪对行车安全至关重要。

(5)性格与交通安全

性格内向的驾驶人,往往思维速度与动作速度反差较大,性格比较沉静,感情含蓄,行为谨慎。一般来说,该种性格的驾驶人驾驶车辆的速度较慢。性格外向的驾驶人,往往思维速度与行为动作趋于一致,性格比较开朗,感情奔放,举止比较敏捷。一般来说，这种性格的驾驶人驾驶车辆的速度比较快。

调查发现，那些能够安全驾驶车辆的驾驶人适应性都比较强，热爱生活，关心他人，遇到紧急情况时，镇定自若，妥善处理；而那些发生事故多的驾驶人，一般来说，缺乏生活规律，协调性差，比较情绪化，对别人漠不关心，并且容易冲动。

7.2.4 驾驶人信息处理过程

驾驶人驾驶车辆在道路上正常行驶时，需要不断地认知情况、确定措施并实施操作，这一过程实质上就是获取和处理信息的过程。驾驶人的信息处理过程如图 7-1 所示。驾驶人从环境中获得信息，由接收器（感觉器官，主要是视觉、听觉和触觉等）经传入神经系统传递到信息处理部（中枢神经系统），经思考判断做出决定，然后经传出神经系统传递到效果器（手、脚等运动器官），从而使车辆产生运动。如果效果器在响应上有偏差，会导致车辆发动响应异常，则必须把此信息返回到中枢神经系统进行修正，经传递由效果器执行修正后的命令。实际上，驾驶人的情绪、身体条件、疲劳程度、疾病以及服用药物等都与安全驾驶有密切关系，信息处理的正确与否对响应特性有很大的影响。

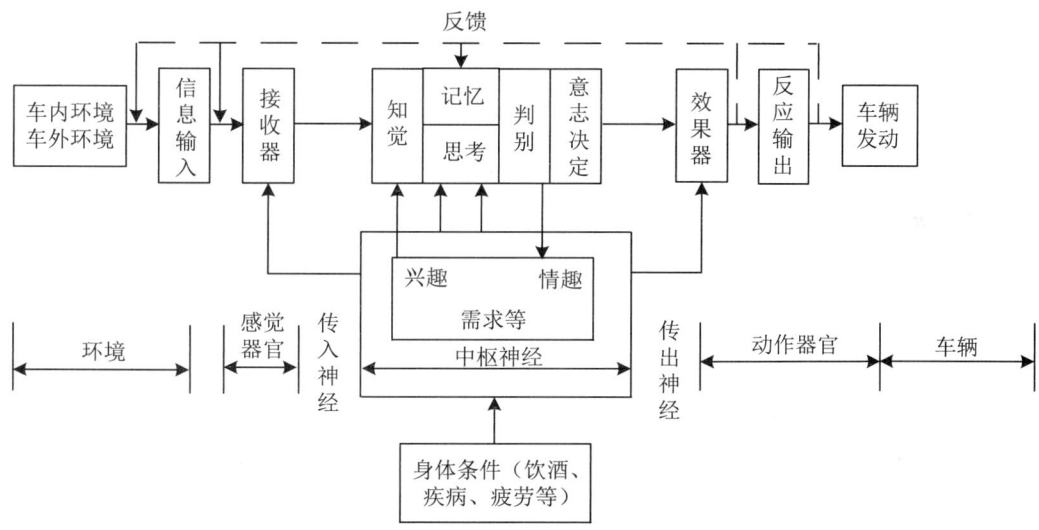

图 7-1 驾驶人的信息处理过程

7.3 人的可靠性

7.3.1 应力

应力是影响人的行为及其可靠性的一个重要因素，一个承受过重应力的人更有可能造成失误。人的工作效率与应力之间的关系如图 7-2 所示。

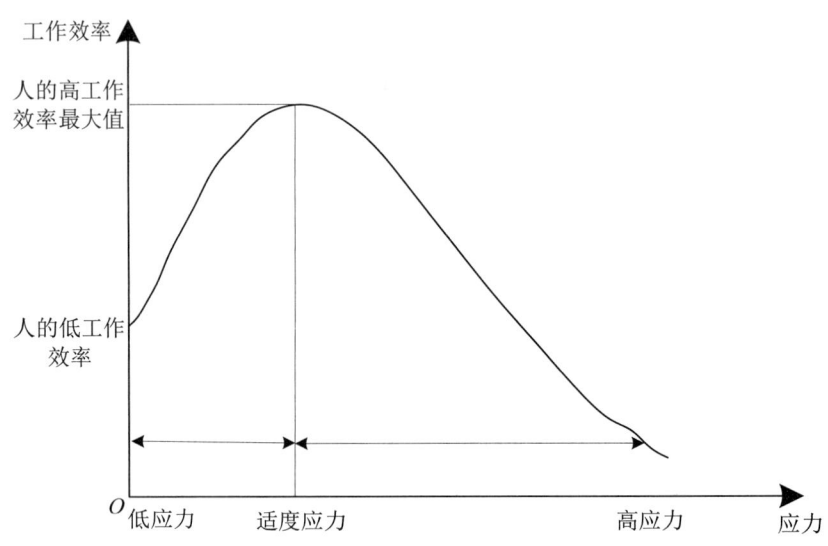

图 7-2　人的工作效率与应力的关系

由图 7-2 可得，应力不完全是一种消极因素，适度的应力可以把人的工作效率提高到最佳状态。若应力过轻，任务简单且单调，会使人觉得工作没有意义而变得迟钝，因而人的工作效率不会达到高峰；若应力过重，在超过中等应力的情况下，将引起人的工作效率下降。图 7-2 中将曲线划分为两个区域：在适度应力左侧，人的工作效率随应力的增加而提高；在适度应力右侧，人的工作效率随应力的增加而降低。应力的研究通常包含：职业应力、操作人员的应力特征和个人应力因素三个部分，下面依次进行介绍。

（1）职业应力

职业应力分为以下 4 种类型：

①与工作负荷有关。在超负荷工作的情况下，任务要求超过了个人能力；在低负荷工作的情况下，个人工作无积极性。低负荷工作的例子有：不需要动脑筋；没有发挥个人专长和技能的机会；重复性工作。

②与职业变动有关。职业改变破坏了个人行为上、心理上和认识上的功能模

式。这种应力出现在与生产率增长有关的机构中，职业变动的形式包括调整编制、职务提升和重新安置等。

③与职业上受到挫折有关。当工作不能满足预先的目标时会产生这种应力，其原因包括缺乏联系、分工不明确、官僚主义、缺乏职业准则等。

④与其他可能的职业性环境因素有关。这里包括振动、噪声、高温、光线太暗或太亮、紧张的人际关系等。

（2）操作人员的应力特征

人都有一定的局限性，当执行某一具体任务时，若超过某些限度，差错发生的概率就会上升。为了使人的差错减到最少，设计工程师和可靠性工程师应密切配合，在设计阶段就应考虑到操作人员的能力限度。

7.3.2 人的差错

（1）人的差错含义及原因

人的差错是指人在执行规定任务时发生失误或做了禁止的动作，导致预定操作中断或引起人员伤亡和财产损坏。人的差错对系统产生的影响因系统差异而不同，造成的后果也不一样。人的差错发生的原因各不相同，大多数发生的原因是基于人可以用各种不同的方式去做各种不同的事情。按照 Meister 的观点，人的差错的原因主要包括：工作环境光线不合适；操作人员由于培训上的不足而没有达到一定的技能；仪器设备的设计太差或质量不好；工作环境温度太高或噪声大；使用工具错误；操作规程写得太差或有错误；管理太差；任务太复杂；信息和语言交流太差等。

（2）人的差错分类

人的差错一般可按以下几种形式分类：

①按信息处理过程分类。

a. 未正确提供、传递信息。若发现提供的信息有误，就不能认为是操作人员的差错。

b. 识别、确认错误。识别是指对眼前出现的信号或信息的识别，确认是指操作人员积极搜寻并检查作业所需的信息。若正确提供了操作信息，则要查明眼、耳等感官是否正确接收并识别这一信息。若确定该过程中某处有误，则判定为识别、确认错误。

c. 记忆、判断错误。进行记忆、判断以及意志决定的中枢处理过程产生的差错或错误属于记忆、判断错误。

d. 操作、动作错误。中枢神经虽然发出正确指令，但未能转换为正确的动作而表现出来。这种情况包括姿势、动作的紊乱所引起的错误，拿错操作工具及弄错操作方向引起的错误，遗漏动作等。

②按执行任务性质分类。

a. 设计错误。它是指由于设计人员设计不当造成的错误，一般分为三种情况：设计人员所设计的系统或设施不能满足人机工程的要求，违背了人机相互关系的原则；设计过于草率，设计人员偏爱某一局部设计导致设计具有片面性；设计人员在设计过程中对系统的可靠性和安全性分析不够或没有进行分析。

b. 操作错误。它是指操作人员在现场环境下执行各种功能时所产生的错误，主要原因包括：缺乏合理的操作规程或违反操作规程；任务复杂且在超负荷条件下工作；对人的挑选和培训不够；操作人员对工作缺乏兴趣，不认真工作；工作环境太差等。

c. 装配错误。它是指生产过程中的装配错误，主要包括：使用不合格或错误零件；漏装零件；零部件的装配位置与图纸不符；虚焊、漏焊及导线接反等。

d. 检验错误。它是指由于检验产品过程中的疏忽，没有把缺陷完全检测出来，从而产生检验错误。一定程度的检验错误是允许的，因为检验不可能有100%的准确性，一般认为检验的有效度只有85%。

e. 安装错误。它是指没有按照设计说明书、图样或安全手册进行设备安装而造成的错误。

f. 维修错误。它是指维修保养过程中发生的错误，如设备调试不正确、校核疏忽、检修前后忘记关闭或打开某些管道或阀门、某些部位用错润滑剂等。随着设备的老化以及维修次数的增多，发生维修错误的可能性也会增加。

人的差错的发生有各种不同的原因，将这些差错归纳起来即为人的故障模式，如图7-3所示。

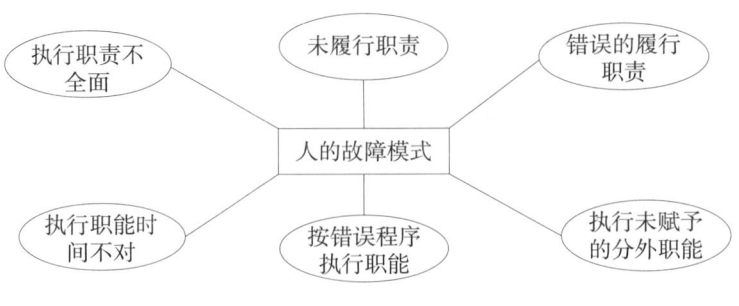

图7-3 人的故障模式

（3）人的差错概率估计

人的差错概率是对人的行为进行基本度量，其定义如式 7-1 所示：

$$P = \frac{E}{O} \tag{7-1}$$

式中，E 为某项工作中实际发生的差错数；O 为某项工作中可能发生差错的总次数；P 为在完成某项工作中差错发生的概率。

人在处理或执行任何一次任务时，都有对任务（情况）的识别（输入）、判断和行动（输出）这三个过程，三个过程都有发生差错的可能性。因此，就某一任务而言，人的基本可靠度 R 为式 7-2：

$$R = R_1 R_2 R_3 \tag{7-2}$$

式中，R_1 为与输入有关的可靠度；R_2 为与判断有关的可靠度；R_3 为与输出有关的可靠度。R_1、R_2、R_3 的参考值见表 7-1。

表7-1　R_1、R_2、R_3 的参考值

类别	影响因素	R_1	R_2	R_3
简单	变量不超过 5 个，人机工程学上考虑全面	0.999 5～0.999 9	0.999 0	0.999 5～0.999 9
一般	变量不超过 10 个	0.999 0～0.999 5	0.995 0	0.999 0～0.999 5
复杂	变量超过 10 个，人机工程学上考虑不全面	0.990 0～0.999 0	0.990 0	0.990 0～0.999 0

受作业条件、人的自身因素及作业环境的影响，人的基本可靠度还会降低。研究表明，人的舒适温度一般是 19～22℃，当人在作业时，环境温度若超过 27℃，人的失误概率就会上升约 40%。因此，还需要用修正系数对人的基本可靠度加以修正，从而得到单个动作的失误概率为式 7-3：

$$q = k(1-R) \tag{7-3}$$

式中，k 为修正系数，k = abcde。其中，a 为作业时间系数；b 为操作频率系数；c 为危险状况系数；d 为生理、心理条件系数；e 为环境条件系数。a、b、c、d、e 的取值范围见表 7-2。

表7-2　a、b、c、d、e 的取值范围

符号	项目	内容	取值范围
a	作业时间	有充足的富裕时间	1.0
		没有充足的富裕时间	1.0～3.0
		完全没有富裕时间	3.0～10

续表

符号	项目	内容	取值范围
b	操作频率	频率适当	1.0
		连续操作	1.0～3.0
		很少操作	3.0～10
c	危险状况	即使误操作也安全	1.0
		误操作时危险性大	1.0～3.0
		误操作时有产生重大灾害的危险	3.0～10
d	生理、心理条件	综合条件（教育、训练、健康状况、疲劳、愿望等）较好	1.0
		综合条件不好	1.0～3.0
		综合条件很差	3.0～10
e	环境条件	综合条件较好	1.0
		综合条件不好	1.0～3.0
		综合条件很差	3.0～10

7.3.3 人的可靠性分析方法

（1）广义人的行为可靠度函数与差错纠正函数

把人看作是系统中的一个部件，采用经典可靠性理论可以建立广义人的行为的可靠性模型。

记与时间有关的人的差错率为 $h_e(t)$，则有式 7-4：

$$h_e(t) = -\frac{1}{R_e(t)} \frac{dR_e(t)}{dt} \tag{7-4}$$

式中，$R_e(t)$ 为时间 t 时人的行为可靠度。

将式 7-4 改写，可得式 7-5：

$$h_e(t)dt = -\frac{1}{R_e(t)} dR_e(t) \tag{7-5}$$

在时间间隔 $[0, t]$ 内，对上式两边进行积分，可得式 7-6：

$$\int_0^t h_e(t)dt = -\int_{R_e(0)}^{R_e(t)} \frac{1}{R_e(t)} dR_e(t) \tag{7-6}$$

当 $t = 0$，$R_e(0) = 1$ 时，可得式 7-7 和式 7-8：

$$\ln R_e(t) = -\int_0^t h_e(t)dt \tag{7-7}$$

$$R_e(t) = e^{-\int_0^t h_e(t)dt} \tag{7-8}$$

当 $h_e(t)$ 为常数时，$R_e(t)$ 服从指数分布。在一些对人的操作的统计结果表明，威布尔分布更接近于经验数据。

人的差错前平均时间（MTHE）为式7-9：

$$\text{MTHE} = \int_0^\infty e^{-\int_0^t h_e(t)dt} dt \quad (7\text{-}9)$$

记 $r_e(t)$ 为时间 t 的差错纠正率，那么差错纠正函数 $p_e(t)$ 为式7-10：

$$p_e(t) = 1 - e^{-\int_0^t r_e(t)dt} \quad (7\text{-}10)$$

式中，$p_e(t)$ 为时间 t 内差错纠正的概率；$r_e(t)$ 为与时间 t 有关的任务差错纠正率。

（2）鲁克（Rook）模型

鲁克模型是用于计算人员操作差错发生概率的模型。设某项任务需要进行 n 次人员操作，这 n 次操作是互相独立的，其中每种操作 i 可能会出现 ki 种不同的失效模式。已知进行第 i 种操作时，发生失效模式的概率记为 q_{k_i}，而如果这次操作失误，那么它对整个任务功能的失效概率记为 Q_{k_i}。因此，造成任务项目功能失效的人员差错概率 F_{k_i} 可表示为式7-11：

$$F_{k_i} = q_{k_i} Q_{k_i} \quad (7\text{-}11)$$

操作 i 的成功概率 R_{k_i} 可表示为式7-12：

$$R_{k_i} = 1 - F_{k_i} \quad (7\text{-}12)$$

为了保证在第 i 次操作中所有可能的 M 种失效模式都不发生，第 i 次操作的成功概率 R_i 应是不发生每次差错概率的乘积，即式7-13：

$$R_i = \prod_{k=1}^{M_i} (1 - q_{k_i} Q_{k_i}) \quad (7\text{-}13)$$

如果完成任务时第 i 种操作不是一次，而是 S_i 次，则对整个系统的任务完成而言，不会因第 i 种操作而使系统功能失误的概率为式7-14：

$$R_{S_i} = (R_i)^{S_i} \quad (7\text{-}14)$$

由于各种操作有不同的次数和人的差错概率，系统任务不因人的差错而失效的可靠度为式7-15：

$$R_\tau = \prod_{i=1}^{n} R_{S_i} = \prod_{i=1}^{n} \left[\prod_{k=1}^{M_i} \left(1 - q_{k_i} Q_{k_i}\right) \right]^{S_i} \quad (7\text{-}15)$$

7.3.4 人的差错预防办法

（1）人—机系统分析法

20世纪50年代初，米勒（Robert B. Miller）研究并提出了人—机系统分析法。该方法能使系统中人的差错的不良效果降低到可容许的程度，该方法包括如下10个步骤：

①概括系统的功能和目标。

②概括情况特征。它与人们完成各种任务和工作时必须承受的工效形成因子（情况特征）有关，典型的工效形成因子有照明、联合动作、空气的新鲜程度、清洁状况等。

③概括有关系统的人力特征。它涉及有关系统中人力特征的辨识和估计，如培训、经验、工作动机和技能等。

④概括由系统人力实现的任务和工作。

⑤根据表面潜在可能差错条件和其他有关的困难，完成任务和工作的分析。

⑥得出每种潜在差错出现的概率。

⑦得出对每种潜在差错未被发现或未经校正的可能性分析。

⑧得出对每种未被发现潜在差错的后果估计。

⑨对系统提出修改意见。

⑩重复大部分上述步骤后，再对每个系统的修改进行评价。

（2）差错原因排除程序法

差错原因排除程序法不止是强调弥补，更强调预防性措施，它可在生产操作进行时把人的差错减少到可容许的程度。这种方法要求工人直接参与数据的收集、分析和设计、建议等，这种直接参与使工人把差错原因排除程序作为他们自己的任务，因此可提高工人完成工作的满意程度，也可把此方法称为减少人的差错的工人参与程序法。

差错原因排除程序法要求有若干个工人小组，每个小组都有一名协调员，他的责任是使本组瞄准自己的活动目标，减少差错。这些协调员具有特定的技术和组织才能，而他们本人可以是工人，也可以是管理人员。每个工人小组的规模不应超过8～12人。在定期召开的差错原因排除会上，由工人提出已发生或可能发生的差错情况报告，然后对这些报告进行评审和讨论，最后提出补救或预防措施。

（3）防止操作人员发生差错的预防措施

引起操作人员差错的原因及对应的预防措施如下，其中注意力不集中和疲劳是引起操作员差错的两个主要原因。

①注意力不集中。防止注意力不集中的措施包括：在重要场所安装能引起注意的装置；提供舒适的工作场所；在程序步骤之间避免过长的间隔等。

②疲劳。防止疲劳的措施包括：消除不合理的工作位置和操作方式；避免精力集中的时间过长；排除环境产生的应力和产生疲倦的精神因素等。

③注意不到重要的指示。仅凭指针显示危险情况易造成人的差错，若采用发声和发光手段来引起操作人员的注意，则可避免出现忽视重要指示的情况。

④操作员对控制器件的调整不精确。采用带定位销的控制器件或不需进行精密调整的控制器件，可避免因操作员对控制器件调整不精确而引起的问题。对要求精确调节的控制装置，首先要求机构灵活且用力较小，同时可利用"咔嗒咔嗒"发声来控制装置，则能避免由操作人员对控制器件的调整不精确导致的问题。

⑤接通控制器件的顺序不对。为避免不按顺序要求接通控制装置，可在关键部位设置联锁装置，并保证功能控制装置按要求以一定的顺序排列。另外要避免采用外形相似或控制记号难以理解的控制装置。

⑥读错仪表读数。一般从仪表上读数会造成错误，可采取的预防措施包括：消除视觉误差问题；当仪表位置分散时，读表人可移动身体；合理安排仪表位置；采用数字排列方式以达到符合人视觉的要求等。

⑦用错控制器件。避免用错控制器件的办法包括：使用时不要用力过大；关键的控制器件不要离得很近或相似；控制器件不要使用难以看懂的标记等。

⑧振动和噪声的刺激。在不规则的振动和高噪声的环境下，操作易发生差错，可采用隔振器和吸声装置来克服，最好是从振源和声源上采取措施。

⑨设备有缺陷，该工作时不能工作。克服设备缺陷的办法是采取各种措施保证仪器工作正常，并提供一些测试和校准的程序。

⑩没有遵照规程操作。不遵守规定的程序是操作人员产生差错的一个重要原因，其预防措施是：避免太长、太慢或太快的操作程序；设置符合人的群体习惯的操作方式等。

⑪生理和心理上的应力。减轻和消除生理和心理上的应力是减少人的差错的重要方面，除了加强教育与培训之外，改善环境条件及创造和谐的氛围都是有力的预防措施。如工作场所的布置除保证操作人员能迅速地在设备之间活动并及时与其他操作人员保持联络外，还应设法避免其他人员对操作人员个人空间的侵犯。

这不仅涉及人体尺寸和感觉系统，还涉及人的性别、年龄、个性、文化、感情状态和人际关系等社会因素。

（4）容错与防错措施

为了尽量减少人的错误，在实际工作中人们运用了许多办法，如检查单制度、双岗制等，这里列出几条行之有效的方法。

①提高操作的冗余度。冗余度一般是指为了保障设备或某项工作在非正常情况下也能正常运转，而增加的一个量。这样做的目的是保障安全，防止操作失误而导致事故发生。

②系统界面改进。技术改进、容错和防错装置及程序的采用也是减少人员操作错误的重要途径。如航空运输中近地警告系统的大面积采用，减少了约90%的可控飞行撞地事故；某些程序设计中没有考虑认读可能出错的因素，如3 280有可能被误认为是2 380从而导致事故的发生，但如果考虑该因素，将其改为3 300，便可大大增加认读的准确性。

③提高人的意识水平。保持良好的心境和情绪、避免消极心理和有害态度的影响、调整工作负荷、改变技能层次和增加任务难度等，都能在一定程度上提高意识水平。

④检查单制度。事先对问题的解决方案进行归纳并制成检查单。一旦发生类似问题，对照检查单便可以从容不迫地应对。检查单须用心念，而不能死记硬背，念检查单要口到、手到、眼到，还要心到，才能使错误不漏掉。

⑤按章办事，坚持标准操作程序。标准操作程序综合考虑安全、效益和操作方便，是精心设计和经验累积的结果。偏离标准操作程序是导致各类交通事故的主要原因。只有严格按章作业，杜绝违章操作，才能保证安全和效益。

⑥车组分工明确，配合协调。现代交通运输更加强调车组的协调与配合。车组成员之间应当进行信息交换以达到信息共享、协调配合、互相提醒的目的，从而及时纠正错误。若车组缺少合理分工、协调配合以及充分的交流，可能造成车组成员之间的操作矛盾，不了解对方的操作意图，后果十分危险。

⑦主动报告安全问题，实事求是地对待人的错误。自愿（主动）报告制度是事件报告体系的有益补充，尽管为了鼓励主动报告采取了减轻处罚或免于处罚的做法，但处罚也是必不可少的手段之一，要看问题的实质和情节轻重，不能一概而论。

复习思考题

1. 驾驶员生理特征与指标有哪些？
2. 请简要描述驾驶员心理特征与交通安全。
3. 请简要描述驾驶员生理特征与交通安全。
4. 请简要描述驾驶员反应特征与交通安全。

参考文献

[1] 程荫杭. 铁路信号可靠性与安全性 [M]. 北京：中国铁道出版社，2010.

[2] 燕飞，陆德彪. 铁路信号可靠性与安全性 [M]. 北京：中国铁道出版社，2022.

[3] 潘福全，张丽霞，杨金顺，等. 交通安全工程 [M]. 北京：机械工业出版社，2018.

[4] 胡良谋，任博，苏新兵，等. 航空产品可靠性数据分析及 MATLAB 实现 [M]. 北京：国防工业出版社，2020.

[5] 赛义德 A. 赛义德（Elsayed A. Elsayed）. 可靠性工程 [M]. 杨舟，译. 北京：电子工业出版，2013.

[6] 曾声奎. 可靠性设计分析基础 [M]. 北京：北京航空航天大学出版社，2015.

[7] 胡启洲，李香红，陈新，等. 系统可靠性与安全性 [M]. 成都：西南交通大学出版社，2019.

[8] 谢里阳，何雪宏，李佳. 机电系统可靠性与安全性设计 [M]. 哈尔滨：哈尔滨工业大学出版社，2006.

[9] 周志敏，纪爱华. 开关电源可靠性设计与测试 [M]. 北京：机械工业出版社，2020.